「危機一髪 禍を起点

正

年8月

㈱近代消防社編集局

本書に次のとおり、印刷の誤りがありました。お詫びしまして訂正いたします。

頁	誤	正
表紙・背表紙	八ッ場あづま湖	八ッ場あがつま湖
本　扉	八ッ場あづま湖	八ッ場あがつま湖
目次２頁目３－９	(八ッ場あづま湖)	(八ッ場あがつま湖)
目次２頁目３－10	八ッ場あづま湖	八ッ場あがつま湖
11頁　下から９行目	鐘の生る丘	鐘の鳴る丘
30頁　下から４行目	吾妻川水害犠牲者供養塔	吾妻川水害殉難者供養塔
31頁　写真説明	吾妻川水害受難者供養塔	吾妻川水害殉難者供養塔
86頁　上から９行目	「八ッ場あづま湖」	「八ッ場あがつま湖」
86頁　下から７行目	八ッ場あづま湖	八ッ場あがつま湖
86頁　下から２行目	「八ッ場ダムあづま湖」	「八ッ場ダム・八ッ場あがつま湖」
87頁　見出し３－９	(八ッ場あづま湖)	(八ッ場あがつま湖)
89頁　見出し３－10	八ッ場あづま湖	八ッ場あがつま湖
90頁　上から５行目	2019年	2020年
121頁　上から１行目	「八ッ場あづま湖」	「八ッ場あがつま湖」
121頁　下から７行目	「八ッ場あづま湖」	「八ッ場あがつま湖」
124頁　上から２行目	八ッ場あづま湖	八ッ場あがつま湖
124頁　下から６行目	受難者慰霊祭	殉難者慰霊祭
奥　付	八ッ場あづま湖	八ッ場あがつま湖

危機一髪 禍を起点に人生を語る

八ッ場(やんば)あづま湖上流で起きた 浜岩橋崩落事故

イラスト　清水隆夫

安齊　克三 著

近代消防社 刊

発刊記念に寄せて

長野原町は昨年、新しい時代（令和）の幕開けとともに明治22年（1889年）の町制施行から数えて130周年という記念すべき年を迎えました。また、68年という長きにわたり、苦難を強いられ紆余曲折を経て進められてきた八ッ場ダムも、令和２年３月31日、ついに完成いたしました。これもひとえに尊い先人の方々が艱難辛苦を乗り越えて築いてきた賜物であると、改めて深甚なる敬意を表しますとともに心から感謝を申し上げる次第であります。

この八ッ場ダムは「八ッ場ダム問題」として常に問題視され続けてきた経緯があります。そこで私が町長に就任してからは「問題」として捉えるのではなく「ブランド」として発信するために「問題からブランドへ」というスローガンのもと、極力明るい話題の提供に努めてまいりました。今では、その名が広く知られるようになり、来年行われる東京オリンピックの聖火リレーがこの八ッ場ダムの湖畔を走り抜ける予定でございます。

このように大きな節目を迎えた長野原町ですが、昨年10月12日の台風19号においては、完成前の八ッ場ダムが7,500万立方メートルの大雨を受け止め、下流域の方々から数多くの称賛の声を頂きました。しかし、その反面ダムの上流に位置する長野原町の各地域で甚大な被害を受けたことも記憶に新しいところであります。町民の生命・財産を守る立場である私にとりまして、自然の脅威がいかに計り知れないことか、防災に対する意識がどんなに大切なことか、思い知らされた出来事でした。

長野原町の歴史を紐解くと昭和25年（1950年）８月５日の集中豪雨で、羽根尾区の吾妻川に架かる浜岩橋が濁流に飲み込まれ、小中学生を中心に11名の尊い命が失われました。あの浜岩橋の崩落事故で生死の分岐点を経験した、我々の大先輩である著者（安齊克三氏）は、当時小学４年生でしたが、この大事故を忘れきれず、後世にその真実を伝えたいと、八ッ場ダムの完成を機に発刊を決意したとのことであります。

戦後の混乱している世の中で起きたこの事故を知る町民は少なく、時の流れとともに消え去ろうとしております。私は地元の町長として、この事故のことを決して忘れてはならないという思いに至りました。

長野原町民を代表して、浜岩橋の崩落事故で犠牲になられた11名の尊い御霊に哀悼の誠を捧げ、発刊記念に寄せての言葉と致します。

令和２年８月５日

長野原町長　**萩　原　睦　男**

目　次

1　はじめに

あの浜岩橋の崩落事故から奇跡的に一命をとりとめ、70年の月日が流れました。過去・現在・未来とも物理的時間は不変で一定の規則の元に時を刻んでおります。人間が心理的に感じる時間は、アバウトでその置かれた環境によっても異なってきます。何かにに熱中している場合は短く、退屈しているときは長く感じたりします。一般的には、子供の頃感じる時間は長く、大人になる程時間が短く感じると言われております。この心理をフランスの哲学者ジャネーはジャネーの法則として説いております。

このような心理的時間感覚の中で、一日一日の積み重ねが己の人生になるわけですが、光陰矢の如し老いは速やし、いつの間に傘寿を迎えてしまいました。

振り返ってみる時間は圧縮され、昨日のことのように感じます。

オギャーとこの世に生を受け誰しも運命と共に歩んで行かざるを得ません。

自分自身で切り開く運命もあると思いますが、人間の力ではどうすることもできない運命の不思議さを感じます。この神秘的な運命に導かれて今日まで生きながらえたことに、ただただ深甚なる感謝あるのみです。

人間の運命は、「禍福は糾える縄の如し」正しくその通りであると実感します。

そして人間の歩む足跡も、常に新たな歴史を刻むように、世の中の事象も姿を変えて行きます。

崩落事故直後架け替えられた現浜岩橋も永年荒れ狂う土石流と戦いながら大役を果たし、次世代橋に引き継ぐ時期に至りました。

それに伴い犠牲者を悼む供養塔も新橋梁の建設のため新たな場所に移り替わる予定と聞きます。

終戦直後の混乱期、この事故の実態も定かでない中で、伝聞は何時しか時の流れとともに消えてしまう。そんな強い思いから幼少の頃の忘れ去ることのできない惨状に臨場した当事者として、記憶の一端を残します。

2　郷里長野原町羽根尾集落時代の体験と羽根尾交差点及び羽根尾発電所

2－1　生い立ち

私は、昭和15年（1940年）７月20日㈯新潟県阿賀野川上流の鹿瀬発電所の社宅でこの世に生を受けました。

父は、東信電気㈱［現東北電力㈱］で電力開発の仕事に携っていました。当時、東洋一と言われた大水力鹿瀬発電所の建設に従事した後、その発電所の運転管理の仕事をしておりました。家族は父母と５人の子供たちとそれなりに幸せに過ごしていたと思います。私が生まれて数か月後、突然父は病でこの世を去り、母は５人の子供たちを引き連れ祖父の元に身を寄せることになりました。

私は、生まれてすぐに、新潟から群馬県の北西部、吾妻郡長野原町に移住して、長野原小学校、長野原東中学校、中之条高等学校を卒業するまで、この羽根尾（はねお）の集落で過ごしました。

主（あるじ）のいない生活は、厳しいものがありましたが、母は耐え忍び子供たちを無事に育て上げました。

小学生のころは、夏になると吾妻川に架かる浜岩橋周辺などでよく水浴びをして遊びました。川の水は、夏でも水温が低く永い間はとても浸かっていることができず、太陽で熱くなった大きな石にへばりついて体を温めたものです。

川は至る所が石だらけで、所々にとてつもなく大きな石が散見されておりました。

吾妻川浜岩橋下流の状況　通常の洪水では流されないような大きな石が至る所にあります。
天明３年の浅間山の噴火の時の泥流で押し流されてきたものも相当残っていると思われます。
川が蛇行している所に深い水溜まりが出来ており、そこが子供たちの夏場の水遊びするところでした。
深い所は、２m以上ある場所もありました。撮影時期は不明　昭和30年代後半ごろではないかと思われます。アルバムの中に存在していた一枚

私は、川で水浴びをすることが嫌いで、いつまでも泳ぐことができませんでした。上級生に川に投げ込まれ、溺れかかり苦しんだことが記憶の片隅に残っています。

その時から水は怖いものと恐れることになったのかもしれません。夏休みに川に泳ぎに行こうと友達に誘われるのがとても憂鬱でした。それでも暫くして何とか、水泳の初歩「犬かき」位は泳げるようになりました。川などで顔が水に浸かる怖さはいまだに消え去りません。

私が過ごした羽根尾の集落の吾妻川は見た目には綺麗でしたが、上流に少し遡った嬬恋村との境に、赤川というチョットした沢があり、滝になり吾妻川に流れ込んでおりました。この赤川は、上流に石津硫黄鉱山（現在は廃鉱）があり、そこから流れ込んだ水が混ざっており、いつも川底が赤茶けておりました。その影響だろうか羽根尾集落周辺の吾妻川には、当時川魚は少なかったと思います。ただし、対岸の北軽井沢方面の古森の集落から流れ込む右岸の沢の水は綺麗でイワナや沢蟹などが住んでおり、沢蟹やセリを取りに出かけた思い出があります。たまにイワナも釣れたこともありました。

吾妻川の本流は、大雨が降ると濁流となり水が濁って澄むまでに数日かかりました。

ある夏休みのことでした。大水が出た後、浜岩橋のすぐ上流の川岸に友達と遊びに出かけました。通常はヤマメなどほとんど居ない川ですが、その時はせき止められた川隅に閉じ込められたヤマメが、沢山泳いでおりそのヤマメを手づかみで捕まえたことがありました。

捕まえたヤマメは20センチ位あり20匹位を４～５人の子供たちで一人５匹位ずつ分けて家に持ち帰りました。動きの敏捷なヤマメを素手でつかみ捕るのは初めての経験で、わくわくとした嬉しい思い出として今も残っています。そして囲炉裏で串にさして焼いて食べましたが大変おいしい魚だと思いました。

吾妻川も、ＪＲ吾妻線（長野原草津口駅から先は昭和46年に延伸開業）の万座鹿沢口駅より上流の鹿沢温泉方面まで出かけるとヤマメやイワナなどが釣れたようです。

私と10歳年上の釣り好きな長兄はよく出かけておりました。たまに、私も自転車の後ろに乗せられて釣りに出かけた記憶がおぼろげながら頭の隅に残っております。

羽根尾の集落は、吾妻川の右岸や左岸の山間から流れ出す水は何処も綺麗で、沢から水が流れ込む窪地に棚田があり少しばかり米も収穫できました。蛍も生息しており田んぼの周辺で蛍を追いかけた記憶が蘇ります。

私の住んでいた羽根尾の集落の西寄りの一角は、当時としては珍しい水道が引かれておりました。私の子供のころはすでに廃業しておりましたが、造り酒屋がありそこのご主人が中心となり水道を引いたと聞いております。共同で使う水道が空き地にぽつりと一か所ありました。山の谷間の湧水を水源として貯水槽を作り配水しておりました。

現在は、「奥軽井沢嬬恋の水」として嬬恋で地下から汲み上げられた水が市場で販売されておりますが、多分引けを取らない美味しさです。

お陰様で飲み水だけは不自由することなく、何時も美味しい綺麗な水を使うことができました。ただし、水道のある所まで40〜50メートル位離れておりバケツで水を汲んで来るのは大変でした。特に、風呂を沸かすときは、何回も水を汲みに行かなければならず、子供の仕事としては重労働で大変なことでした。その後昭和30年代の半ば頃でしょうか、この水道を基本として各家庭の中まで水道が普及するようになりました。

夏は高原気候で過ごしやすかったのですが、冬は極寒の環境、暖房といえば囲炉裏と掘りこたつのみ、燃料は秋に山から集めてきた枯れ枝の薪で、一冬過ごすのは大変でした。

冬場の囲炉裏は、火を絶やすことなくいつも燻ぶっていました。囲炉裏の天井には長い自在式の鉤（かぎ）がぶら下がり、これに鉄瓶でお湯を沸かしたり、鍋などを掛けてちょっとした料理にも使いました。

天井とその周辺は、煙で煤けて黒々としており、ぽつりと裸電球が付いていましたが、電気が来ているといいながらも終戦直後は電力不足で時々停電がありました。

当時の電気料金はどのようになっていたのか分かりませんが、羽根尾発電所の地元でもあり、暫くは定額性で安い料金だったと思います。

囲炉裏で薪を燃やすと、煙で目が沁みて涙がぽろぽろこぼれたものです。

冬になると囲炉裏で燃え残った燃えぼっくりを掘りごたつの灰の中に入れて暖を取りました。どこの家でも必ずと言っていいほど囲炉裏と掘りこたつでした。

羽根尾の集落の周辺には草津温泉や川原湯温泉など方々に温泉場はありましたが、当時は交通の便もなく、とても歩いて行ける距離ではありませんでした。

我が家はしばらく本当の風呂がなくドラム缶で沸かした風呂に入った記憶があり、不自由しました。冬になると子供たちの手は、あかぎれになり、ひび割れしてひどいものでしたが、温泉場に近い人たちは、温泉の共同浴場に入ることができその点では恵まれている人も居たと思います。

雪はそれほど多く降りませんでしたが、子供心に雪の降るのが楽しみでした。スキーやそりで遊べるからです。

吾妻川も発電所の水を取り入れておりましたので、場所によっては水量が少なく特に秋口から冬場にかけては川幅の狭いところでは、石の上を飛びながら対岸に渡ることのできる場所もありました。

また雷雨の多いところで、夏場はよく雷鳴が鳴り響き、夕立がありました。急流の川筋ですので、雨が降るとあっと言う間に増水し上流から赤茶けた濁った水が流れてきました。

そんな訳で私は、貧しいながらの生活の中で四季折々の変化を楽しみ感じながら成長し、住み着いて10年になろうとしていたとき、丁度父の10回忌も直前に来ていた頃です。あれは昭和25年の小学４年生の夏休みでした。

小学４年生春の遠足と思います。粗末ながら靴も履けるようになってきた頃　著者は後列左から３番目　担任の先生は後列右　帽子をかぶっている佐藤先生　浜岩橋の事故はこの写真の撮影の数か月後の夏休みに起こりました。

この時期は小麦の収穫も終わり「地獄の蓋が開く」と当時の大人が言っていた言葉を思い出しますが、その時は、何のことやら全く理解できませんでしたが、子供らは取れたての小麦を粉にひいて、ささやかな焼きもちなど作ってもらい食べるのが楽しみでした。

小麦粉を練って丸めてそのまま囲炉裏の灰の中に入れておくとこんがりとおいしく焼けました。手で灰を落としてそのまま食べましたが、中に味噌などが入っており食糧難の当時としては大変おいしい食べ物でした。

昭和25年と言えばまだまだ不安定な終戦直後のＧＨＱ（連合軍司令部）の占領政策統治下で、配給になったトウモロコシの粉やたまに配給になったコッペパンを食べるのが精いっぱいで、何時もお腹を空かしておりました。コッペパンは大変おいしくそれが何よりの楽しみでした。

家の周りで少しばかりの畑を耕して、ジャガイモやサツマイモなどを収穫し主食代わりに食べとことを思いだします。

暫くして米も少し食べられるようになりましたが、外米で独特の匂いがしておりました。考えることはただ食べること。夏から秋にかけては桑の実やグミや桃・アケビ・柿・栗など食べられるものは何でも食べました。またそれが楽しみでした。反面冬になると自然の野山の食べ物も乏しくなり、お正月が待ち遠しかったです。母の作ってくれた混ぜご飯や餅などが正月の間しばらく食べられるからです。

小正月に飾り付けた繭玉なども「おやつ」として食べました。この繭玉は、養蚕地であるためかどこの家でも近くの山から取ってきた「みず木」の枝に飾り小正月を祝いました。繭玉もほとんどトウモロコシやひえなどの粉で作ったもので、お米の繭玉はほんの少しばかりでした。

一番楽しかったことは、一人一合足らずのお米を持ち寄り、子供たちだけのお正月の集まりです。白いご飯を食べながら、炬燵の中でかるたなどするのが楽しみでした。また、戦後もない時代、ＮＨＫのラジオを聴くのが最大の娯楽でもありました。ラジオも少しずつ普及し始めた頃で雑音交じりの放送でしたが良く耳を傾けました。色々のラジオドラマを聞きましたが、その中でも「鐘の生る丘」は思い出に残る名作でした。日本全体が苦しかった時代、大人子どもを問わず多くの人々の共感を呼び大ヒットしました。このドラマの主題歌が「とんがり帽子」で、曲が流れと皆ラジオの前に集まり耳を傾けました。

「作詞　菊田一夫」「作曲　古関裕而」「歌　川田正子」

「みどりの丘の赤い屋根　とんがり帽子の時計台　鐘がなりますキンコンカン　めえめえ子ヤギも鳴いてます　風がそよそよ丘の家　黄色いお窓はおいらの家よ」当時

の光景が瞼に浮かびます。そんな時代の中で、起きたのが浜岩橋の崩落事故です。

2－2　羽根尾時代の人生最大の体験

私は、この地で約18年間過ごしましたが小学４年生の幼少の頃、人生最大の出来事、生命の危険にさらされる事故に遭遇しました。それは、多くの子供達の命を飲み込んだ吾妻川浜岩橋の崩落事故です。私は、幸運にも危機一髪で助かりました。運命の分かれ道、人間の力ではどうすることもできない見えない不思議な力が働いていた様な気がしてなりません。

歩んできた人生振り返って見ますと、良いこと悪いこと色々のことが待ち受けていたことを改めて実感しているところで、人生にも歴史にも「たられば」はないと言いますが、あの時落命していたとしたなら、10年という短い命で終わりこの文章を残すこともできませんでした。

こうして生かしていただいているということは、何か大事な役割がある様な気がしてなりません。それは、当時の事故のことをできるだけ詳しく記録に残しておくことだと思いました。吾妻川の中流域に位置する長野原町も過去多くの風水害に見舞われております。

被害状況は、明治43年（1910年）から記録に残されておりますが、土石流による家屋や田畑等数多くの被害が起きております。その中でも11名の犠牲者を出した浜岩橋の崩落事故は、町政施行以来の最も大きな人的・物的被害であったと言えると思います。

世の中の注目の的となった、吾妻川中流域の八ッ場ダムが令和２年３月31日完成しましたが、あの狭い谷間の吾妻渓谷を流れ下った多くの人々がいたことに思いが馳せてしまいます。

特に近年になってから、終戦直後の浜岩橋の崩落事故に遭遇した私にとっても長野原町羽根尾の集落民にとっても忘れることのできない大きな出来事でした。

それは昭和25年（1950年）８月５日㈯、連日の豪雨で増水した吾妻川は、午前８時頃氾濫し、荒れ狂う濁流は、一瞬のうちに、浜岩橋もろとも11人の命を飲み込んでしまいました。

昨今、八ッ場ダムが世の中の脚光を浴びるようになり、この事故の記録を残しておかなければという強い思いにかられペンを執りました。

経験した人以外に真実は残せない。それが歴史の記録であり当時の様子など、記憶の底にあるものをできる限り忠実に記載してみました。

2－3　ハッ場ダム11㎞上流で起きた吾妻川浜岩橋の悲劇

これからお話しする悲劇の浜岩橋の崩落事故は、私の幼いころの忘れられない心の衝撃でもっと早い時期に書けばよかったのでしょうが、とうとうこんな年齢になってしまいました。

父の死に伴い祖父のところに移住したことは前にも書きましたが、私の祖父の住んでいた所は、群馬県吾妻郡の北西部長野原町羽根尾（標高約664メートル）という小さな集落でした。

現在は、私が子供のころ過ごした家の真ん前がＴ字路になっておりますが、当時は30〜40メートル程手前から下って軽井沢方面につながっていました。

吾妻川までおよそ300〜350メートルあり、下り着いた所が谷間でそこに浜岩橋（標高約650メートル）が架かっておりました。

橋脚はコンクリート製ですが、その上部構造は木造で幅員５〜６メートル位で通行する部分に土が盛られておりました。川幅はおよそ50メートル位でしょうか。橋の上から川底まで10〜12メートル位だったと思います。

さて浜岩橋は、昔からある古い橋とは思いながらも少しぐらいの大水で崩落してしまうなど誰しも想像もしなかったことと思います。しかし、それが現実となって起きてしまったのです。

崩落事故は、私が小学４年生の夏休みの最中の、８月５日午前８時過ぎ頃でした。連日の豪雨で増水した吾妻川は上流から荒れ狂う濁流が押し寄せておりました。

雨が降りやんだ直後でしたが、朝から爽やかで一点の雲もなく晴天で真夏の太陽がぎらぎらと照り付けはじめておりました。

今日も一日暑くなりそうだ。油蟬などがにぎやかに啼き始めておりました。養蚕をしている農家では蚕の桑を取りに出掛ける人や帰ってくる人もいる時間帯でした。また田んぼの状況を見に出かける人、見終わった人が浜岩橋の上を通行していたことと思います。

連日の豪雨で増水した吾妻川は、上流の川沿いに有った田畑を飲み込み、更に荒れ狂う濁流が浜岩橋に襲い掛かりました。

どうしてこんな時に多くの人が橋の上に集まったのだろうか今思うと不思議ですが、当時の状況では、誰しも橋が落ちてしまうと考える人も予測する人もまた予測できる人も居なかったと思います。

私も仲の良い同級生の遊び友達、「唐澤香ちゃん」と濁流の光景を見ようと出かけました。既に橋の上では先に来た人達が、驚きの眼で上流や下流を眺めていました。

その時は大勢の人が集まっていると思いながらも具体

的に誰が居たのか分かりませんでした。後で分かったことですが、いつの間にか大人子ども幼児合わせて18名の人がこの橋の上に集まって居たのです。夏休みの最中ですからほとんどが子供達でした。

この18名の中で山口睦次郎さん（50代後半）お孫さんの山口美里ちゃん（３歳）を負んぶしておりました。高原みちさん（60代後半)、一場津也子さん（小学３年）は妹の一場千恵ちゃん（２歳）を負んぶしておりました。唐澤信次郎さん（中学生)、唐澤正巳さん（小学６年)、黒岩庄次郎さん（中学生)、黒岩信次さん（小学３年)、櫻井テル子さん（６歳)、井上忠夫さん（中学生）の11名の方が落橋により濁流の川に流され帰らぬ人になってしまいました。

川に落ちたが幸運にも左岸に泳ぎ着き助かった人は、黒岩豊三郎さん（小学５年)、一場常次さん（中学生)、一場光平さん（16歳位)、唐澤登喜夫さん（中学生)、黒岩洋太郎さん（中学生）の５名、また川に落ちないで橋を渡り切り助かった人は、唐澤香さん（小学４年)、そして危機一髪落橋寸前に助かった私が橋の上にいました。

普段特別な楽しみもない片田舎の集落では、この橋の上から濁流が押し寄せてくる恐ろしい光景を見るのも興味深々のことだったのです。私もその一人だったのでした。

あの時代の世の中の状況からして無理もないことで、ただただ物珍しさが人々を浜岩橋上に引き寄せたのでしょう。

危険極まりないことと簡単に語ることはできません。今では、危険予知や事前の通行止めなど事故を未然に防ぐことが当たり前ですが、戦後間もない昭和25年頃は、行政もそんなことに手が回るはずがありません。だれの責任でもありません。混乱している終戦直後の世の中で、自然界がもたらした災害は防ぎようもなく、起こるべきして起きた悲劇と言わざるを得ないのです。

上流から流出した流木等を飲み込んだ濁流は物凄い勢で独特の唸り声を上げながら流れ去る状況は、恐ろしさも混じりすごい光景でした。 私と「香ちゃん」は橋の上にかれこれ十数分いたのかもしれません。橋脚に流木等が激突するたびにゴンというような不気味な鈍い音とともに橋が揺れ動いたようにも記憶しております。

濁流はとてつもなく大きく膨れ上がり橋の上から手が届きそうな高さまで迫って来ていました。

手前の坊主頭が同級生の「香ちゃん」すぐ後ろに居るのが「著者」です。
大人、小中学生、幼児等を含め18名が橋の上におりました。
先の方に見える右岸側の橋脚が濁流で倒壊してしまいました。手前左岸の橋脚だけが残りました。

最初は橋のほぼ中央で見ていたのですが、見飽きたのでそろそろ帰ろうかという意識が働いたのだろうか、私と香ちゃん二人は帰りはじめ、左岸から６〜７メートルのところまで来た時と思います。突然、橋がぐらぐらと大きく揺れました。一瞬危ないという思いがよぎりました。誰かが、「橋が落ちるぞ！！」という大きな叫ぶ声が聞こえました。

その叫び声に、思わず後ろを振り向くと橋が折れ曲って、盛り上がりながら崩れ落ちる瞬間で、土がパラパラ落ちる様子が目に留まりましたが、突然の出来事でそれ以外の詳しいことはよく覚えていません。

崩落直後のイメージ　挿絵の上部右、左岸のコンクリートの端にしがみついているのが著者です。友達の香ちゃんは渡り切っています。すぐ下流、挿絵の右で小中学生等４名（黒岩豊三郎さん、一場常次さん、一場光平さん、唐澤登喜夫さん）が左岸に泳ぎ着き助かりました。挿絵にはありませんが、更に下流200～300メートル左岸の中州に泳ぎ着き中学生の黒岩洋太郎さんが助かっています。

２人は無我夢中で一目散に左岸寄の、もと来た方向に走りました。

私より２メートルばかり先を走っていた「香ちゃん」は運よく渡り切りました。その差１秒にも満たない時間だったのですが、私は渡り切れず橋がすでに崩れ落ちパクリと大きな空間になっているところへ走った勢いでそのまま左岸のコンクリートのたもとに上半身胸から飛びついた形でしがみつきました。暫くそのまま気を失ったようにしていたのでしょう。無我夢中で道路上に這い上がったのだと思います。恐怖のあまり、ただ足がガタガタ震えるばかり、二人は一時呆然としてその場にたたずんでいました。浜岩橋は影形もなく消えてなくなりました。

危機一髪　落ちた橋の左岸のたもとにしがみついているのが著者です。その前方に見えるのが同級生の「香ちゃん」です。川の中に落ちないで助かったのはこの２名だけです。この状況を知っている人は私と香ちゃんだけです。

「浜岩橋の崩落事故　昭和25年（1950年）８月６日上毛・読売・毎日新聞報道記事」

県下各地で出水の悲劇

命をかけた水見物
16名橋もろとも濁流へ

熊ノ平現場埋る
中仙道は不通

十余町歩流失

前小屋部落に逆流

各地の被害

「上毛新聞報道記事　見出し「命をかけた水見物16名橋もろとも濁流へ」

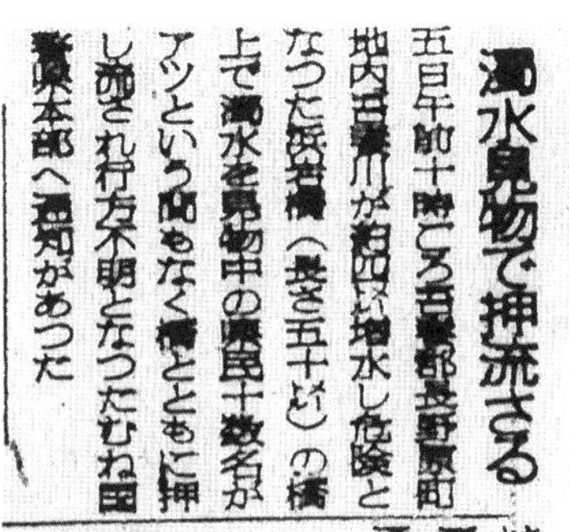

濁水見物で押流さる

五日午前十時ごろ吾妻郡長野原町地内吾妻川が約四米増水し危険となつた浜岩橋（長さ五十米）の橋上で濁水を見物中の県民十数名がアツという間もなく橋とともに押し流され行方不明となつたむね国警県本部へ通知があつた

群馬版A

県下の最高雨量二〇〇ミリ

「読売新聞群馬版報道記事　見出し「濁水見物で押流さる」

橋もろ共濁流に

長野原町で11名行方不明

群馬版（2）

水魔荒狂う

各地で甚大な被害

「毎日新聞群馬版報道記事　見出し「橋もろ共濁流に長野原町で11名行方不明」

残っていたのは左岸よりのコンクリート製の橋脚の上の一部分が濁流の中にぽつり波しぶきを上げ立っておりました。右岸側の橋脚は影も形もありませんでした。

当時の川の流れを推測しますと、右岸側の崖に沿うように本流の激流が流れていたと思います。また、浜岩橋左岸下流には、田畑があり左側に少しずつ蛇行しながら裾が開けていたため、左岸に広がりながら流れていたところもあったのではないかと思います。ただ、少しでも右岸側に寄れば、本流の激流に引き込まれるところばかりであったと思います。

何れにしましても、右岸側の橋脚が激流で洗掘され倒壊し、それが原因で崩落しました。私も、もう少し橋の中心部寄りに居たとしたら、激流の藻屑と消えてしまったかもしれません。左岸に近い所にいたので助かることができたのですが、正に危機一髪の状況でした。

瞬時に浜岩橋を飲み込んだ濁流は恐ろしい勢いでごうごうと流れていました。雲一つない晴天の真夏の太陽が照り付ける中、橋が消えてしまったのです。橋のない空間がぽつりと荒れ狂う波しぶきの濁流の中にありました。

対岸のいつもと違った初めて目にした異様な光景が今も瞼に焼き付いております。

川に落ちないで助かったのは、私と「香ちゃん」だけで、残りの16名の人達はどこにもその姿は見当たりませんでした。その恐ろしい出来事にただ我を忘れてしばらくそこに呆然と震えながらたたずんでいただけでした。すぐ家に帰って知らせようなど思いもしませんでした。暫くして私の８歳年上の次兄が、ロープを肩にかけ自転車で駆け付けた記憶は残っています。

後で姉（長女）から聞いた話ですが、私の祖父（歌吉じいさん）もその少し前に橋の上から濁流の状況を見ていたようです。その帰り道でしょうか、坂を上り川が見渡せるあたりで、橋の崩れ落ちる大きな響きを聞き、橋が流れてゆく状況を見たということです。

大変なことが起きたと、直ぐに私の家に行き孫が誰か見に行っていないか聞きに来たようです。私が、見に出かけているのではないかと次兄が駆け付けたのでした。

たぶん私の祖父が最初に橋が落ちたことを目撃し皆に知らせたのだと思います。その祖父も88歳で翌年この世を去りました。

大騒ぎになり大人たちが下流域の左岸に駆け付けたようです。

橋が落ちてから５分位してからでしょうか、私の従兄の１学年上の黒岩豊三郎さん（小学５年）が、すぐ下の岸からずぶぬれになり這い上がってきました。落ちたところが左岸の川岸に近かったので押し流され岸に泳ぎ着けたのだと思います。引き続き、一場常次さん（中学生）と、そのお兄さんの一場光平さん（16歳位）二人が川岸から這い上がってきました。

光平さんは落ちた時に崖にでも顔がぶつかったのでしょうか。顔面から血が流れていたように記憶しています。

また、川に落ちたところから概ね100メートル下流の左岸に押し流されながら泳ぎ着き、自力で這い上がった唐澤登喜夫さんは、突然の出来事と恐怖のあまり詳しいことは記憶に残っていないようです。鼻血が出ていた他、大きな怪我もなくずぶ濡れ、裸足姿で家まで帰ったそうです。

登喜夫さんの言によりますと、濁流の流れは物凄かったが、左岸に近く夢中で岸に向かい泳いだのだと思う。大きな流れに引き込まれないで助かることが出来たが、本流に飲み込まれた人は、ほとんど助かることが出来なかった。

登喜夫さんは、私より３歳年上で活発で、泳ぎは得意であったように記憶しております。

唐澤登喜夫さん、唐澤信次郎さん、黒岩庄次郎さんは当時中学１年の同級生で一緒に出掛けました。信次郎さんと庄次郎さんはどのあたりで見ていたのか分かりませんが、落ちたところが本流に近かったのではないかと思われます。

また登喜夫さんの弟二人、唐澤正巳さん、唐澤香さんも橋上におりましたが、正巳さん（小学６年）は帰らぬ人となってしまいました。

更に、濁流に押し流されながらも200～300メートル下流で左岸の中州になったところの立ち木に泳ぎ着き助けを求めていた中学生の洋太郎さんは、大人たちの手助けで左岸から自力で這い上がったようです。

幸運にも助かった人は18名のうち７名でその他の11名の人は無念にも濁流に飲み込まれ流されてしまいました。

その後のことはあまり記憶に残っていませんが、集落の中は、悲しみの泣き声で大混乱となり、その後も消防団や町の人たちは下流に向けて何日も捜索活動をしたようでした。遺体で見つかった人が、大人２名と中学生らしい１名の計３名と聞きましたが、残り８名の幼児を含む子供達は濁流の藻屑と消えてしまいました。

浜岩橋の下流４キロぐらいのところに大津発電所のちょっとしたダムがありますが、浜岩橋の構造物などは濁流とともにダムの堰堤を乗り越えて流れ落ちていったと思います。そして、狭い川底の吾妻川渓谷を流れ太平洋まで流れ下った人もいただろうし川底に埋もれてしまった人も居ただろうと思うと、想像するだけでもその残酷さにただただ無念と哀悼をささげるのみです。

あれから70年、時は流れ去ってしまいました。あの時遭遇した出来事はいまだに脳裏から離れません。自然は時として荒れ狂い容赦なく襲い掛かり人の命を奪ってしまうのです。

諸行無常・生者必滅の定めとは言いながらも、この世の中の運命という仕組みが不思議でなりません。なぜ多くの人々を巻き込んで浜岩橋は怒涛の如く濁流の中に消えてしまったのか。人々が橋の上に居ない真夜中、もっと早い時間でもよかったのに人々を多く集めてから崩落するとは、偶然の出来事とはいいながらもこの世の仕組みの儚さを感じます。これが人間の力が及ばない自然界の姿なのでしょう。

事故直後すぐ上流にワイヤの吊り橋がかけられました。一人か二人渡るのが精いっぱいでぶらぶら揺れて怖くて渡るのも大変でしたが、生活に欠かせない吊り橋となり多くの者がしばらくはその吊り橋を恐れながらも渡りました。

この災害の直後、突貫工事の仮設の道路と仮設の橋の建設が始まり、引き続き本格的な鉄筋コンクリートの橋の工事に着手、約３年位掛り昭和28年（1953年）９月１日新しい浜岩橋が完成しました。

浜岩橋の建設中の昭和27年から始まった、ラジオドラマ「君の名は」有名ですが、「忘却とは忘れ去ることなり。忘れえずして忘却を誓う心の悲しさよ。」のナレーションで始まるラジオドラマは、子供心にも心の底に残っております。人々は、夢中でこのドラマを聞きそして日本中が盛り上がりこのドラマの放送中は洗湯を空にしたという言葉が残りました。

昭和28年３月長野原小学校卒業記念　著者は前列から３列目左から３人目
この年の９月に新しい現在の浜岩橋が完成　子供達・先生方の服装を見ても、戦後８年復興の兆しが見へ始めた事がうかがえます。１クラス35名位
６年生は２クラス。

崩落直後建設された浜岩橋（国道146号　日本ロマンチック街道）あれから67年現在の景観、写真の右側（左岸方面）が羽根尾交差点から右折し国道145号羽根尾集落・草津・長野原方面に至る。同交差点を左折し国道144号上田方面に至る。写真左側（右岸方面）が軽井沢方面に至る。手前に見えるトラスト構造は、八ッ場ダム建設にあたり、古森集落等の汚水を処理する下水道管。羽根尾集落の下水道管と合流し長野原汚水処理場に至る。
令和元年６月　清水隆夫氏撮影
公開情報によりますと、新橋梁の建設計画が決定しており令和６年度に完成予定。
完成後現橋梁は撤去される。

左側の配管が汚水処理下水道管
前方右側に登坂になって軽井沢方面に至る。手前が羽根尾交差点・草津・長野原・上田方面に至る。日本ロマンチック街道、国道146号の吾妻川
令和元年６月　清水隆夫氏撮影
新橋梁は、現橋梁の上流部、写真右側のこんもりした樹木当たりを想定、全長72.5m、全幅9.25m片側に歩道が設けられる予定。

完成の祝いでしょうか夜空に打ち上げられた花火が記憶の底に残っています。そして、羽根尾の集落としては、新しい浜岩橋が完成１年後の旧盆の昭和29年（1954年）９月１日犠牲者の冥福を祈り、この悲しみを忘れることなく後世に伝えてゆくために吾妻川水害犠牲者供養塔が建立され、現在も左岸の片隅で安らかに受難された人々に哀悼をささげ吾妻川が安全であるよう見守っています。

この崩落事故についての新聞報道記事を文中に掲載させていただきましたが、地元の上毛新聞を中心に読売・毎日新聞の群馬版で翌日の朝刊で報道されております。

事故当時、群馬県下ではあちらこちらで水害が続出しており、新聞各社は、天手古舞で情報を収集するのにも大変だったと推測されます。本来ですと大事故ほど現地に飛んで見分し、写真撮影などしながら取材するのが基本と思いますが、この西吾妻の長野原町羽根尾集落まで出掛ける手段も乏しく、止むにやまれず電話での取材で、確実な情報を得ることがなかなか難しかったのではないかと思われます。翌日の朝刊に何とか間に合わせるため時間との闘い記者の皆さんのご苦労がしのばれます。

吾妻川水害受難者供養塔
碑文には「昭和25年８月５日午前８時連日の豪雨に吾妻川は、氾濫し濁流滔々と荒れ狂い浜岩橋諸共11名の人命を呑む、無残きわまりなく」記。
令和元年６月　清水隆夫氏撮影
新橋梁が令和６年度中に完成予定。新橋梁及び道路が供養塔を通過するため、現地点より別の場所に移転予定。

世の中が混乱していた太平洋戦争の終戦直後の出来事とは言えあの時一命をとりとめた者として、この出来事を後世に残さなければならない役割を切実に感じます。人生の終着駅に近づくにつれ止むに止まれずの思いにかられ記しました。１秒にも満たない時間差で、あの大事故に遭遇しながらも命を長らえ今日まで生かしていただいているこの自分を思うと、人の世の儚さと命の尊厳を感じます。この出来事を伝えるには、生きながらえている人が残す以外に真実は残らない。吾妻川に架かる浜岩橋の歴史を印す大事な役割と、肝に銘じております。

浜岩橋の歴史を知る手掛かりは少ないのですが、それでも群馬県立図書館所蔵の長野原町史に少し掲載されておりました。その記事を見ますと明治27年（1894年）から明治31年（1899年）に至る５年間に３回も流失したと記載されています。

当時の橋は多分、川の低い部分に架橋されたもので構造は分かりませんが、人馬が何とか通行できる粗末な橋であったと想像されます。ですから、大水が出る度に流されてしまったのだと思います。

明治30年代の中ごろと推定されますが、当時の唐沢林造町長の発案により、長野県北佐久郡小諸町（当時）の千曲川に架橋されている長い吊り橋が流失することなく健在であることを知り、その吊り橋を視察してから吊り橋に架け替えられたことが記録に残っています。実際に架けられていた橋の状況は残されておりませんが、**下図**のような基本構造をしていた様です。この吊り橋はこの頃としては県下でも初めてであり、水害の被害を受けずにしばらくの間重要な役目を果たし、その後、昭和25年に崩落した構造の橋に順次架け替えられてきたと推測されます。吊り橋以降の橋の建設資料等は見当たりませんでした。

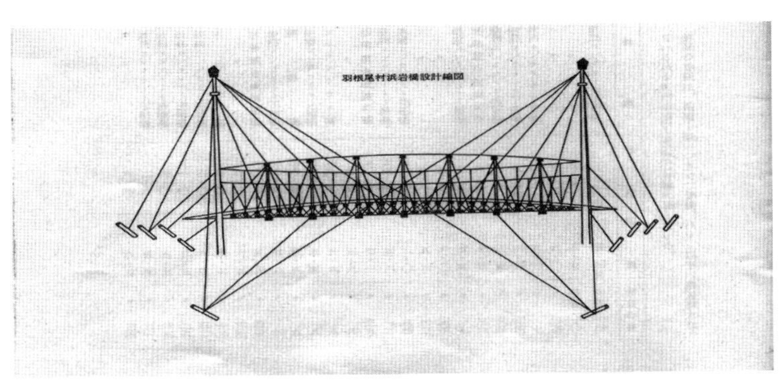

吊り橋の基本構造設計図
群馬県図書館所蔵の長野原町誌の記載の中から、想像しますと人馬や荷車程度の軽車両車は通行が可能であったのではないかと推測されます。
50数メートの川幅、架橋技術も維持管理も難しかったと思います。

さて、崩落した浜岩橋については、資料等がありませんので私が子供ころの脳裏に残っていますイメージを「清水隆夫氏」にお願し描いていただきました。次のイラストが小学４年の時に遭遇した豪雨で崩落した悲劇の橋です。

残された資料によりますと、浜岩橋は、明治時代そして昭和を含めて水害で４回崩落したことになります。その中でも、多くの方々が犠牲になった昭和の浜岩橋は、長野原町そして羽根尾の集落民にとりましても忘れることのできない近年なって最大の惨事でした。

当時の浜岩橋のイメージ　上流の山並みは嬬恋村方面　向かって左が右岸、軽井沢方面　国道146号　1988年日本ロマンチック街道と命名、左岸が羽根尾交差点・草津・長野原方面、大正後期から昭和20年代の車が通行できる第１世代の橋です。２本の橋脚はコンクリ‐ト製、上部はすべて丸太等の木造、通行する部分には土が盛られていました。

あの崩落事故から、現在のコンクリート橋が建設され67年になり国道146号日本ロマンチック街道を訪れた多くの人々を乗せた車両を安全に通行させて来ました。

車両が通行できるようになった木造橋梁、無念にも濁流に飲まれてしまった浜岩橋を第一世代橋とするなら、現在の第二世代橋もそろそろ退役に近くなって来ていると思います。

大正から昭和にかけ激動の時代、悲しい歴史を刻んだ橋ですが、未来を目指しその街道の名にふさわしいロマンを追求し第三世代の新しい姿で現れることを期待したいと思います。参考までに記しますと、長野原町議会だより（2019年１月№118）によりますと浜岩橋架替へ向けて予備設計が進んでおり、令和６年度を完成目標としております。また、群馬県の「よくわかる公共事業」（国道146号浜岩橋を含む道路拡幅事業）公開情報によりますと、新浜岩橋は、現在の橋のすぐ上流に架橋するもので、全長約72.5メートルで現在の橋よりも、約21.5メートル長くなり、計画幅員9.25メートル、片側に2.5メートルの歩道が設けられ全幅も広くなり、安全な通行が確保できようになります。

近々、日本ロマンチック街道に相応しい堂々とした姿を現すことと思います。

その時まで生きながらえることができたら是非ともこの目で確認したい。

日本の国土の７割は山岳地帯で幾多の例を見るように集中豪雨は、人間の生活を一瞬にして奪ってしまう恐ろしい自然現象です。

特に、土石流等で荒れ狂う山間部の河川橋梁の設計者はどのような構造で架橋したら良いか頭を悩ますところであると考えます。

第二世代橋も67年間荒れ狂う吾妻川と戦い続け疲れ果てたと思いますが、今しばらく新橋梁に替わるまで頑張っていただきたい。

2－4　羽根尾の国道3起点と日本ロマンチック街道

浜岩橋の崩落当時は道路法（昭和28年「1953年」に制定）が制定される前で、道路管理者が県であったか市町村であったかは定かでありません。

今でこそ道路が整備されておりますが、当時は砂利道で大雨が降るたびに道路は雨水が溢れ、土が流れてしまったり窪んだ所に水溜まりができたりその跡はでこぼこ道で車が通行するのもガタガタ揺れ大変でした。

道路工夫と言う人がいて、荒れた道を「ツルハシ」や「スコップ」などで補修する姿をよく見かけたものです。

現在では日本で最もドイツ的景観を持つ街道として、長野県の上田市から軽井沢、浜岩橋の架かっております羽根尾の集落、そして草津温泉等を経て日光市まで全長約350キロメートルをロマンあふれる街道とし、昭和63年（1988年）11月25日に、日本ロマンチック街道として日本ロマンチック街道協会とドイツロマンチック協会は姉妹街道としてロマンチック街道の名のもとに締結されました。

命名されて2020年で32年、そして100年先の未来に向けて文化的交流を図りながら関係者の皆様は価値ある街道づくりに励んでいます。

この街道の吾妻川に架かる現在の浜岩橋は、国道146号そしてロマンチック街道と命名される前の崩落事故直後に架橋されました。

過去の悲しい出来事にもめげず、架橋された昭和28年９月から平成そして令和へと新たに67年という永い歳月、上信越高原を訪れた多くの人々を安全に通行させて来ました。

雄大な浅間山をはじ白根山など火山が作り出した造形美そして数多くの温泉場などはドイツ的自然環境を持ち、同時に、島崎藤村など日本ロマン詩人達が多く作品を残しており、日本に於いて最もロマンあふれる街道です。

この街道を日本ロマンチック街道と呼ぶ理由はドイツロマンチック街道に範をとっております。

浅間山

草津白根山

145号の後方側が144号嬬恋上田方面　著者が幼少の頃過ごした国道３起点嬬恋方面から著者撮影

羽根尾国道三起点　羽根尾交差点から前方が草津・長野原・八ッ場ダム・中之条・沼田方面国道145号　後方が長野・上田方面国道144号　右手が軽井沢方面146号

羽根尾交差点　左写真前面の太陽発電のパネル付近（後方の建物現在長兄が居住）著者が18年過ごした所です　日本ロマンチック街道146号・145号及び144号の起点です。八ッ場ダムの標識が最近掲示されました。浜岩橋から上り詰めたＴ字路の交差点

令和元年７月矢島英夫氏撮影
国道３起点の案内塔などの状況

さて、道路の起点と終点等の定義について、参考までに記します。

【国交省の国道の定義につきましては、次のようになっています。

国道の番号の付け方については、基本的には、国道の追加指定ごとに北に位置するものから順に番号が付けられています。

国道の路線を指定する際には、まず、起点と終点が定められます。

国道の始まりの地点を「起点」終わりの地点を「終点」とし、「上り」は起点に向かっていくこと、「下り」

はその逆の終点に向かっていくことを言います。

また、大正時代の国道は、「東京市より○○府県庁所在地○○に達する路線」とされていたため、全ての起点は東京（日本橋につくられた道路元標）でしたが、現在の国道は、路線名（番号）や重要な経過地とともに起点と終点が決められています。

起点と終点の取り方については、道路法第５条第１項に掲げる指定基準の各号で示されている重要都市、人口10万以上の市、特定重要港湾、重要な飛行場または国際観光上重要な地などが「起点」に該当し、それらと連絡する高速自動車国道または道路法第５条第１項第１号に規定する国道が「終点」となるのが一般的です。なお、国道の起点・終点については、「一般国道の路線を指定する政令（昭和40年３月29日政令第58号）」によって規定されています。

国交省の所管の道路法では日本国道元標では日本国道路元標に関する規定はないが以下の７本の国道の起点は日本橋にあります。

①国道１号（終点：大阪市・梅田新道)、②国道４号（終点：青森市）③国道６号（終点：仙台市)、④国道14号（終点：千葉市）⑤国道15 号（終点：横浜市)、⑥国道17 号（終点：新潟市)、⑦国道20 号（終点：塩尻市)】

現在の日本橋の状況
令和元年７月著者撮影　日本橋の日本道路元標　2020東京オリンピックに向けての五輪マークを展示中　日本橋上部は首都高速道路環状線この上部の高速道を撤去地下のトンネルにすることが決定。2030年ごろ従来の姿がよみがえる予定

私が幼少のころ過ごした羽根尾の集落で唯一の交差点は、郡部の交差点でありながら、国道144号・145号・146号３路線の起点になっているという全国でも大変珍しい場所であります。

羽根尾国道三起点は、起点ばかりが頭を揃えて集まっているという所として、東京都の日本橋（国道７起点）

にも匹敵する場所であると評価している人も数多くおります。道路の上り、下りの定義から見ますと羽根尾交差点は、144号・145号・146号それぞれの終点から上り着くということになります。全国的に見てもそんなに著名な場所になろうとは、想像もしませんでした。正しく長野原町そして羽根尾の人たちにとりましても青天の霹靂名誉あることであります。2016年放映のＮＨＫの大河ドラマ真田丸で上田市・沼田市及び吾妻郡地域は一躍脚光を浴びました。沼田城の有った沼田市（145号の終点国道17号に接続）から中之条・岩櫃城があった吾妻町郷原、更に長野原から羽根尾城の有った羽根尾、そして上田城のある上田市に至る街道が当時の真田街道（国道144号・145号）です。さらに羽根尾交差点を左折する国道146号の終点が、中軽井沢の国道18号（江戸の五街道・中山道）に接続しています。中軽井沢の交差点を左折し東京方面に向かうと、鉄道や道路の建設で難航を極めたあの碓氷峠は、森村誠一氏の小説「人間の証明」の中に出てきますが、その中でも西条八十の「ぼくの帽子」、「母さん、僕のあの帽子、どうしたでせうね？ええ夏碓氷から霧積へ行くみちで、谿谷(けいこく)へ落したあの麦稈(むぎわら)帽子ですよ…」の「霧積温泉」が有名になりました。

そして、中軽井沢の交差点を右折して上田方面に向かえば、有名な島崎藤村の「千曲川旅情」「小諸なる古城のほとり…」抒情あふれるこの上信越国立公園は正しくロマンにあふれる地域です。国道３起点の地、この場所は道路法（一般国道の路線を指定すれ政令）　による国道144号（羽根尾—上田間44㎞)、同145号（羽根尾—沼田間43㎞)、同146号（羽根尾—中軽井沢間30㎞）の起点であり、古く戦国の世、信濃源氏の流れをくむ海野氏の羽根尾城の城下町として真田街道の要地であり、更には江戸時代から明治大正にかけては沓掛草津街道の宿場町として栄えていました。近年は、日本ロマンチック街道の新たな名所として、平成元年４月、平成元年町政施行百年周年を記念してこの地に案内塔が建設されました。

中之条方面から長野原・大津・羽根尾までの現在の国道145号、そして羽根尾から嬬恋村と長野県の県境鳥居峠を越えて、上田・長野方面に抜ける国道144号は、当時（戦前から終戦直後）としては、主要幹線道路だったのでしょう。その道路に架かる橋は、一応鉄筋コンクリ製であったと記憶しております。現在の羽根尾から軽井沢方面に行く146号（日本ロマンチック街道）は主要幹線道路として整備されていますが、当時はワンランク下の道路だった様な気がします。天明の浅間山の大噴火の頃も、人々が歩いて行ける沓掛街道などに繋がる草津街道とも呼ばれていたようです。当時の街道の基本はそのまま受け継がれている所もあると思います。

現在のような道路として何時頃どこまで開通したのかはよく分かりませんが、太平洋戦争の終わった後、間もなくしてから整備されたものと思います。

私が子供のころの道路状況は山間を切り出し、何とか車がすれ違いできるくらいの幅員の粗末な道路でした。坂道ばかりですので雨が降ると道路に雨水が流れ出し、その跡は道路に溝ができひどいものでした。周辺の山間から土砂が崩れ落ち、道路をふさぐようなこともあったのではないかと思います。

浜岩橋の構造は、前にも記しましたが、木造の丸太橋、その上に土を盛り上げたもの。そんな橋でも車１台ぐらい何とか通行可能でしたが車が通行するたびに多分かなり揺れたと思います。軽井沢から草津温泉に車で出かけるにはこの橋を通るのが最短ルートでした。

ただ子供のころは車も少なく、車の姿はあまり見かけられませんでした。右岸に田畑を持っている人や古森(ふるもり)の集落や応桑(おうくわ)の集落に住んでいる人達にとっては、生活に欠かせない大事な橋でした。欄干はあちこち腐りかけていたように思います。子供心にも古びた橋に見えましたが、戦後間もないころ、どこにもこんな橋が見受けられたのではないでしょうか。

2－5　羽根尾発電所等について

大正から昭和にかけては、日本の産業発展の真っただ中、電力不足の時代に産業を支えるために電力の確保は必要不可欠で全国各地で水力発電所の開発が盛んに進んでいた時代でした。

吾妻川流域でも羽根尾発電所や今井発電所などが同時期に建設が進んでおりました。現在では吾妻川水系に、数多くの発電所を有し首都圏に電力を供給しております。利根川水系吾妻川は、嬬恋の高原地帯から渋川の利根川合流点まで流れている川です。

吾妻川流域には支流も含めて個性的な水力発電所が点在していますが、大部分は東京電力の発電所と群馬県企業局の発電所で構成されています。

羽根尾の集落には、大正14年に運用開始した東京電力の羽根尾水力発電所があり、銀色に輝く太い水圧鉄管が吾妻川へ向けて２本走っています。

東京電力ホールディングス株式会社　羽根尾発電所所在地：群馬県吾妻郡長野原町羽根尾　**交通**：ＪＲ吾妻線羽根尾駅より約１㎞

歴史：関東水力電気株式会社［運開］－日本発送電株式会社－東京電力株式会社－東京電力ホールディングス株式会社［現在］

1925年（大正14年）11月の稼動開始。

使用水量14.47㎥/s、落差98.52m、最大発電量12,000kwとなっています。

小学生のころよく訪れた羽根尾発電所　坂を下りきった広場で夏の一時、夜涼みながらの映画会が行われました。東京電力公開羽根尾発電所資料参照
令和元年東日本台風（19号）で写真左側を流れる吾妻川が氾濫、護岸が浸食崩落
前方の骨組み変電設備迄破壊され発電不能。建設以来の惨事

子供の頃、この寒村の集落で光っていた存在。近代的なコンクリートの建物そして、高い所の貯水池から発電機を廻すための動力源の鋼鉄製の送水管、変電所などの設備を見るにつけ、発電所はすごいものだと子供心にも威厳と誇りを感じていました。夏になると、発電所の空

き地で映画会が模様されたことも有り、集落の人々はそれが楽しみで夕刻になるのを待ち遠しく映画会に出かけました。戦後の楽しみは映画でした。映画館のない所はこのような青空劇場があり、フイルムは他の会場と掛け持ちで映画会が開催されました。

ですから、フイルムが到着するまで空白の時間も時々ありました。

発電所は、子供心にもあこがれの場所で、４～５年生ごろの学校からの帰り道必ずと言って良いほど発電所に寄ってから家に帰りました。発電所には珍しいものばかりでした。変電所などの危険なところには入れないようになっておりましたが、係員の人も当時はおおらかで、子供達が遊びに来ても叱られることもなく大目に見ておりました。発電所の近くに行くと、発電機が廻るうなりが快いリズムで低音の響きで聞こえておりました。発電機の排気口のそばに行くと発電機を冷却した熱風が噴出していました。冬の寒いときは快適でした。そこで暫く体を温めたものです。

私は、父が電力会社で働いていたので特別な感情で興味深々、発電所に行くことがとても楽しくてたまりませんでした。この発電所は、発電機を廻す水車の部屋が地下の深いところにあり、昇降用のエレベーターが設備されており、運転管理や保守点検などの時に使用していました。このエレベーターに乗せてもらいたくてその周辺で時々待っていたものです。

普通は乗せてもらえないのですが、偶然に係員の人が来て乗せていただき、地下の水車が回転している底まで行きました。渦巻になったパイプ状の鉄管の中心に太い丸い鉄の柱が天井を突き抜けてすごいスピードでぐるぐると回転しておりました。初めてエレベーターに乗せていただき感動しました。都会に行かないとエレベーターなるものがない時代に、この寒村の集落に存在していたのです。そして誰もが乗ったことのない昇降装置エレベーターを意外と早い時期に知り体験する機会があったのです。

さて、この発電所の建設にあたり、子供のころ母から聞いた話や地元の人々の言い伝え等をまとめてみました。大正の後半に設立された吾妻川電力㈱が、第一期工事としまして、今井、羽根尾、田代の３発電所を、第二期工事として、大津、西窪発電所を予定していたようです。土木工事は、作業員２千名を超える人々が大正12年６月ごろに今井発電所の建設に従事したようです。

しかしながら、その直後、関東大震災に遭遇し、大混乱に陥り一時工事の中止に至りましたが、同年12月に羽根尾発電所も含め建設が再開されました。

当時国鉄吾妻線は未開通（開通は、1945年１月２日）

軽井沢から嬬恋村まで開通していた草軽電鉄が資材輸送に利用されたものと思います。あとは嬬恋村の馬引きたちが資材輸送を担ったものと想像されます。

一つの発電所を建設するためには、建設資機材・設備等は想像を絶する膨大なものであったと思います。現在のように輸送力のない時代です。関東大震災にも遭遇しながら多くの人々の労力を要し完成したものと思います。

羽根尾発電所の建設用の資機材等は当時の草軽電鉄の吾妻駅、標高約1,000メートル（北軽井沢から草津方面の一つ先、現在の応桑集落に近いところらしい。）から輸送したようです。当時の浜岩橋は、重量物は通過することができず、付近の河原に専用の仮設橋を架けて吾妻川を渡したと母から聞いた記憶があります。何れにしましても、想像すると重量物はトラック等の輸送でなく、道路上に敷設した丸太の上などを転がしながら原始的な方法で輸送したようです。幸いにして、下り坂、それでも７～８キロの道のり、多くの人員と日数をかけたものと思いますが記録がないのであまり詳しいことは分かりません。

更にセメントなどは、草軽電鉄の嬬恋駅のあった芦生田から今井発電所の貯水池まで鉄索などで輸送し、更に大津まで同様の鉄索で運び羽根尾発電所までは馬車で輸送したようです。いずれにしても、人馬の力で建設が進んだといっても過言でないと思います。工事に必要な動力源の電源は、羽根尾集落南側の山越えの谷間に与喜屋（よきや）集落があり、そこに北軽井沢・応桑方面から流れている吾妻川の支流熊川があります。この熊川を利用して、吾妻川系の発電所としては初めて、熊川第一、第二発電所が建設され大正11年、12年から運転しています。この発電所を基本にこの電力を活用し、今井発電所が建設されたと推定されます。更に、軽井沢から嬬恋駅間の蒸気機関車を電化に変更し、建設資機材の輸送力の増強を図っております。当時の熊川発電所は地域の発展のために欠かせない存在であったと想像され、この時期に草軽軽便鉄道㈱の社名が草軽電気鉄道㈱に変更されました。

羽根尾発電所は概ね２年間で完成し、1925年（大正14年）運転が開始されております。この背景から、浜岩橋が架橋され昭和25年に崩落するまで30年以上は経過していたと推定されます。

この原稿を執筆中の令和元年10月12日に令和元年東日本台風（19号）が来襲しました。

大雨特別警戒が発表された嬬恋村地域の吾妻川水系には３カ所（鹿沢発電所、西窪発電所、今井発電所）の水力発電所がありますが集中豪雨の被害により発電不能に陥りました。被害の比較的少なかった鹿沢発電所は、12

月27日に運転を再開しましたが、西窪、今井発電所は、2020年中を運転再開の目標にしているようです。

またその中流域の長野原町羽根尾にある羽根尾発電所、そしてすぐ下流の大津発電所では、吾妻川の異常な水位上昇と濁流で発電所の護岸が崩壊し敷地内部まで浸食され、主要部の変電設備などが破壊されてしまいました。

羽根尾発電所が運転を開始して94年が経過しますがこのような水害による事故は運転開始以来初めてです。

南側山越えにある吾妻川支流の熊川第一・第二発電所も被害を受け運転不能に陥っておりますが、羽根尾発電所同様に完全復旧には１年位先になる見込みです。

なお、主要変圧器が吾妻川に流出するなど被害が大きかった大津発電所については、スクラップアンドビルドにて２～３年後をめどに新発電システムに替わる予定と聞きます。

これら吾妻川水系の発電所の被害を見て今回の集中豪雨が想像を絶するものであったかが分かります。

3　利根川および吾妻川の災害の歴史と八ッ場ダム

3－1　利根川の災害の歴史

暴れ河川の三兄弟といえば「坂東太郎」（利根川）「筑後次郎」（筑後川）「四国三郎」（吉野川）が水害の多い河川として有名でした。この代名詞を何時頃から使い始めたのか分かりませんが、繰り返し起きた水害の恐怖から誰ともなく名付けられたのだと思います。

特に首都圏に住む者としては、過去多くの水害をもたらし坂東太郎と恐れられた利根川の存在を忘れることはできません。そして現在は、首都圏の大事な生活・農業用水としても極めて重要な河川です。

利根川は、群馬県の大水上山を水源として、関東地方を北から東に流れ銚子市の太平洋に注ぐ一級河川です。

古来利根川は、銚子の太平洋でなく江戸湾（現在の東京湾）に注いでいました。水害の被害を軽減するため将軍徳川家康の命により江戸湾から銚子へと流路を替える基礎工事が始まり、約60年間に渡って工事が行われ、1654年（第４代将軍徳川家綱の時代）に一応の川筋が完成しています。これを利根川の東遷と言っております。しかし、流れを変えたとは言いながらも、その後も洪水に見舞われ決壊を繰り返し、特に天明３年（1783年）の浅間山の噴火以降は河床の上昇等により決壊被害が増大し、ほぼ100年間に３回程度旧利根川に沿って氾濫流が江戸に到達する被害が生じております。

３－１－１　カスリーン台風について

私が小学１年生の時でした。食べるものも乏しく、履物にも不自由した当時、季節の良い時期はわら草履で学校まで通っていました。草履が切れると裸足で帰って来たものです。雨が降っても傘がない。それでも雨合羽などを着て辛抱しながら学校に通いました。終戦直後の荒んだ1947年（昭和22年）９月にカスリーン台風が襲来しました。

昭和22年４月長野原町立長野原小学校１年生２クラスの松組　殆どの子供達がわら草履や下駄などの粗末な履物　子供達の最後列左から２番目が著者です。子供達のど真ん中に居るのが担任の田中先生　カスリーン台風が来襲した年　生まれて初めての写真　貴重な１枚

そして国土の荒廃と疲弊する社会経済の中で追い打ち

をかけるように関東地方を中心に未曾有の大雨をもたらしました。

平常時は、穏やかに関東平野を流れる利根川ですが一変させ１都５県（群馬、埼玉、栃木、茨城、千葉、東京）に甚大なる被害をもたらしました。

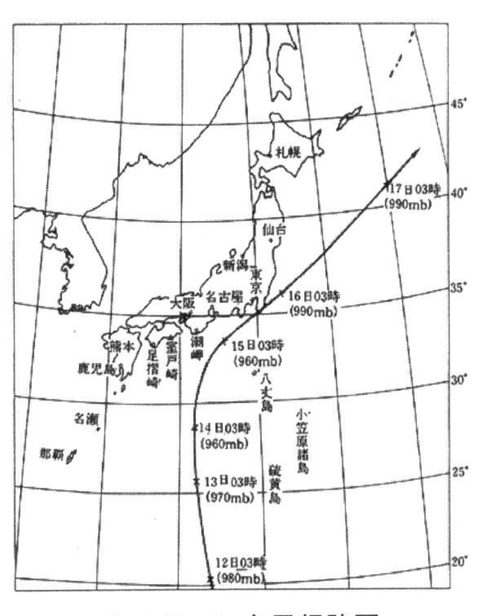

カスリーン台風経路図

現在とは観測方法が異なるため、正式な観測記録は残っていませんが、後の解析によりますと、カスリーン台風は、1947年（昭和22年）９月８日未明にマリアナ諸島東方において発生しました。その後次第に勢力を増しながら９月14日未明には、鳥島の南西400kmの北上に達し、この時の中心気圧は、960hPa 最大風速は45m／s に達していたと推定されております。

その後台風は、15日未明に紀伊半島の南、北緯32度付近で進路を北東に変え、勢力を弱めながら同日早朝に遠州灘沖合を通過し16日には、三陸沖から北東に去ったとされております。台風そのものは、本州に近づいた時にはすでに勢力を弱めつつあり、進路も東海地方から関東地方の太平洋岸をかすめただけであったため、強風の被害はあまり出ておりません。しかし、日本列島付近には、前線が停滞していたと推定されており、そこに台風によって南から湿った空気が供給され前線が活発化しました。これが９月14日から15日にかけて戦後治水史上に残る大雨を降らせたものと考えられます。主なる降水量は、秩父610mm、箱根532mm、日光467mm、前橋391mm、熊谷341mm、宇都宮217mmと記録されております。

この台風による死者は1,077名、行方不明853名、負傷者は1,547名、住宅損壊9,298棟、浸水384,743棟。耕地流出埋没12,927haなど罹災者は40万人を超え、関東地方を中心に甚大なる被害をもたらしました。

カスリーン台風の被害を象徴するのは、江戸時代から「ここが切れたら浅草の観音様の屋根まで水に漬かる。」と言われた、利根川の東村堤防右岸（現大利根町⇒加須市）が決壊したことでした。利根川と合流する渡良瀬川の洪水が同時に重なり、９月16日０時20分頃、延長1,300メートルに渡って越水しその水により堤防が徐々に破壊されたために起こりました。(決壊口は約340m)この氾濫流は、東京と埼玉の都県境である大場川（吉川、三郷、八潮地域を流れる）の桜堤までも破堤させて、その後中川右岸も決壊、遂には東京都の足立区、葛飾区、江戸川区、まで達しました。

利根川等の決壊による甚大なる被害の復興状況を記録から見ますと、利根川決壊口の締め切り作業については、当時の内務省土木局で緊急復旧費として急遽1億円（当時）の予算が組まれ、関東土木事務所において（現・国交省関東地方整備局）9月20日までに工事に必要な機材が栗橋の工事事務所に集められました。工事は昼夜を問わず突貫工事で進められ、第1次の締め切り工事は10月5日にほとんど完了しました。その後本復旧工事は、12月から始められ、決壊から概ね9か月後の昭和23年6月30日にすべて完了しました。

利根川等決壊による洪水の範囲概要

3－2　吾妻川の災害の歴史

今回の主題であります一級河川吾妻川は、利根川の支流として群馬・長野県境の鳥居峠（標高1,362メートル）を水源として、幹線流路延長約76キロを有し、高低差概ね1,000メートルにて、途中の山間から流れ込む小河川等を支流とし、渋川市（標高約140メートル）で利根川に合流しております。

下記地図を参照してください。

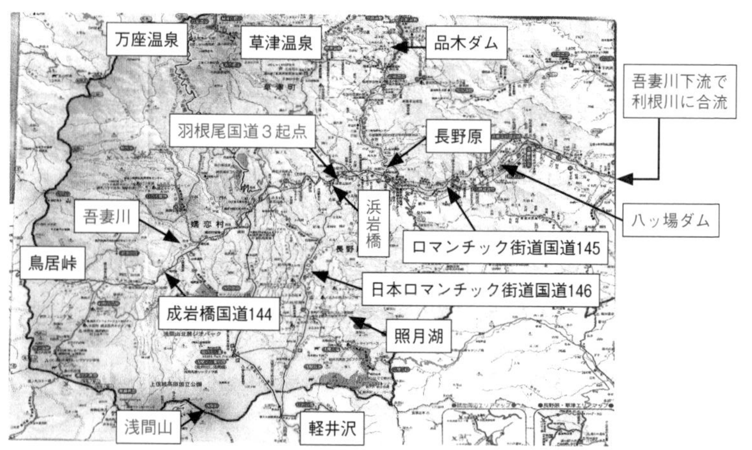

吾妻川を語るには、浅間山の噴火災害の歴史を見ないで通り過ごすことはできません。浅間山は、活火山として古代から現在に至り、活発な活動が続いております。その中でも天明３年（1783年）の大噴火です。４月から７月初旬（旧暦）まで断続的に活動を続けていた浅間山は、７月８日（旧暦）大噴火を起こしました（第10代将軍徳川家治の時代）。

噴火により大量の溶岩と火山灰が噴出し、溶岩流は北側の吾妻川流域へ火砕流となり山腹を流下しました。流下した溶岩は三派にわかれ、一派は東方の分去り茶屋方面に、もう一派は大笹方面に流下し大前で吾妻川に流れ込みました。

残りの一派が他の二派の中でも最大級で、中央を流下し約13キロ離れた鎌原村に襲い掛かりました。

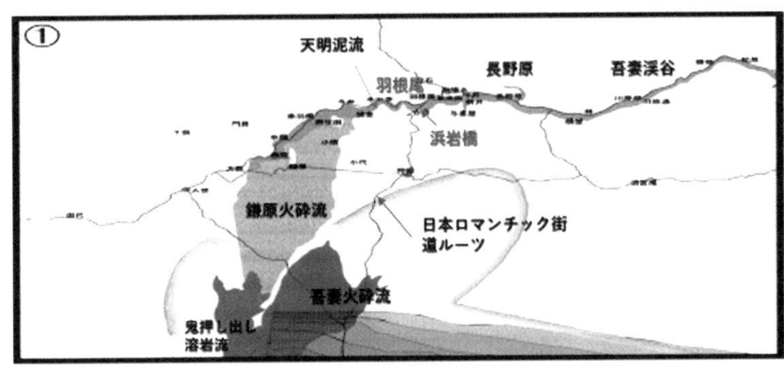

口絵３－①　天明３年噴火による被災範囲図（部分図）（大浦瑞代作成）

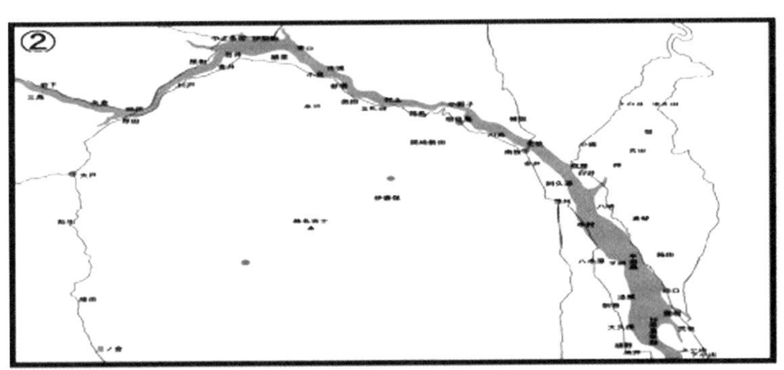

口絵３－②　天明３年噴火による被災範囲図（部分図）（大浦瑞代作成）

平成18年３月内閣府報告調査資料より（1783年天明浅間山の噴火）

この時発生した火砕流により鎌原村では、一村152戸が飲み込まれ483名が死亡した他、群馬県下でも1,400名を超す甚大な犠牲者を出しました。

この噴火により流失した火砕流が「鎌原火砕流」と呼ばれておりますが、その流下量は１億㎥とも推定され、現在のＪＲ吾妻線の万座・鹿沢口駅の東側の吾妻川に流れ込みました。この火砕流・泥流が吾妻渓谷等でせき止められたため自然ダムができこれによる決壊を繰り返し、下流域にも大きな水害を発生させています。浅間山の噴火により火砕流泥流が利根川に流れ出し河床が上昇したところに、関東地方を集中豪雨が襲い天明６年に、流域全体に大洪水を引き起こしました（国土交通省資料より）。

天明３年の噴火では、八ッ場ダムの地元である長野原（当時長野原村）を中心とする集落においても泥流による死者200名という多くの犠牲者を出し、流出した家屋も71棟と伝えられております。その時吾妻川左岸山際の雲林寺も流されてしまい、長野原村も鎌原村に次ぐ大きな被害を受けました。雲林寺はその後長野原地区の有志により再建されて現在に至っております。

この状況からしてもこの地区で吾妻渓谷を流れ下った人々が数多く居たと想像されます（歴史的大規模土砂災害コラム19天明３年（1783年）の浅間山噴火と天明泥流・雲林寺供養碑参照）。

羽根尾の集落から軽井沢方面には、往古から草津温泉

天明３年浅間山噴火災害犠牲者供養碑　平成16年供養碑世話人一堂により現在の雲林寺境内に建立　令和元年10月著者撮影

長野原町長野原　曹洞宗　大洞山　雲林禅寺山門　令和元年10月18日著者撮影

洋館風のレトロな長野原町役場旧庁舎、雲林寺すぐ隣の敷地内に昭和４年に建設以来増改築を繰り返し約90年間町の繁栄のために頑張ってきました。平成30年12月新庁舎に移転。当初の建築費用は13,050円とのこと。
この周辺は雲林寺とともに天明３年の浅間山噴火の泥流に飲みこまれた場所でもあります。長野原町広報誌参照

平成30年12月に移転した長野原町役場新庁舎　ＪＲ長野原・草津駅吾妻川左岸側
前方には八ッ場ダムを囲む山間、役場庁舎すぐ後ろに長野原めがね橋　役場庁舎左側後方山裾がＪＲ長野原草津口駅

の湯客としての街道が通じていたようです（沓掛草津街道と呼んでいたらしい）。当然吾妻川を渡る人馬が通るための橋が架かっていたと思います。その街道も橋も溶岩流や泥流で流されたり、降灰で埋れたり被害は甚大でありました。特に、鎌原火砕流と泥流は吾妻川に流れ出しその規模は想像を絶する膨大なものでした。

参考まで、文献の資料によりますと吾妻渓谷でせき止められた泥流等は自然ダムとなり、八ッ場ダムとほぼ同等またはそれ以上の貯水域までに達したことが想像されます。

3－3　八ッ場ダムの歴史

前記しました利根川の災害の歴史で触れた終戦直後に来襲したカスリーン台風は、関東地方に大きな被害をもたらしました。この台風を契機に吾妻川流域の上流にダムを築いて洪水調整を行い、下流部の洪水被害の軽減を図るために治水事業の一環として、昭和27年（1952年）に八ッ場ダムの調査計画が発表されました。また、年々増え続ける首都圏の人口と、それに伴う水の使用量の増大を支えるための水源開発も大きな目的でした。しかし、当時の吾妻川は、強酸性であったため計画は一時中断されました。その理由は、吾妻川上流域の左岸側に、草津温泉などの温泉場がありその影響で支流から流れ込む水には酸性の強い川があったからです。

ＪＲ吾妻線の長野原草津口駅のすぐ上流から流れ込んでいる、白砂川は当時特に酸性の強い川でした。

昭和38年（1963年）にこの上流域に酸性中和工場が作られ、草津温泉から流れ込む温泉水を中和し品木ダムに貯水してから白砂川に放流することで、吾妻川が生活用水として見直される様になりました。河川水が利用可能となったため、昭和39年（1964年）に八ッ場ダムの基礎調査が再開されております。水源地としてダム建設が予定され水没した川原湯温泉の下流域は、関東の耶馬渓と呼ばれた吾妻渓谷であります。

幾多の反対運動を経ながらも、平成27年（2015年）に本体工事が始まりました。政権交代による見直しなど一時工事中止などの動きがありましたが、この混乱を乗り切り、工事が再開され建設も順調に進み2020年３月31日に完成しました。計画が発表されてから　68年と言う永い月日を八ッ場ダムは、日本の経済発展の真直中で地域の人々の心の葛藤を見ながら苦しみ生き続けてきました。今はただ安堵の気持ちで、静かに心安らかに眠っておりますが、いざという時に目を覚まし人々の幸せのために尽力すること間違いないと確信します。

3－4　八ッ場ダムについて

完成を迎えた八ッ場ダム堰体の状況
令和元年７月矢島英夫氏撮影

令和元年10月18日著者撮影　令和元年東日本台風（19号）で満水になった状況

八ッ場の地名の由来

①狭い谷間に獲物を追い込んで、矢を射た場所「矢場（やば）」が転じ、「やんば」となった説

②狩猟を行う場所に８つの落とし穴があったことから、「８つの穴場」⇒「やつば」⇒「やんば」となった説

③川の流れが急であることから、「谷場（やば）」が転じ、「やんば」となった説

などがあるようですが、「やば」では短すぎるので撥音をいれ調子を付けることで、発音しやすくしたのではないかとも言われているようです。

ダム形式は重力式コンクリートダムで提体積はおおよそ100万㎥、ダムの事業費は5,320億円。ダム本体の工事は2019年度で完了しましたが、地域振興関連施設などの工事は2020年度まで継続されます。

ダムの規模では、ダムの高さ116メートル、33階のビルに相当、ダムの堰体の長さ290.8メートル、北陸新幹線12両編成の長さにほぼ同じ。水のたまる量は、１億750㎥、東京ドーム87個分に相当。ダム上流の流域面積では711.4㎢と東京都の面積のほぼ三分の一を占め、利根川水系のダムの中では一番広い集水面積を有しております。湛水面積約３㎢と満水時にはその末端は、ＪＲ吾妻線の長野原草津口駅周辺まで及びます。

八ッ場ダムが完成したことで、現在利根川水系のダム

は11か所となりました。吾妻川では初めて建設されたものとなります。また、総貯水量では利根川水系のダムでは３番目の大きさになります。

【参考　現在の利根川水系ダムを記しますと　八ッ場ダム、八木沢ダム、奈良久保ダム、藤原ダム、相保（あいまた）ダム、薗原（そのはら）ダム、下久保ダム、草木ダム、渡良瀬遊水地、五十里（いかり）ダム、川俣ダム、川治、湯西川ダム】

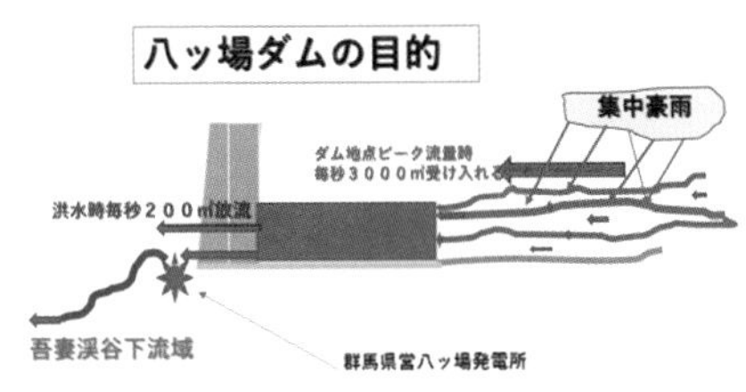

① 洪水調整
ダム地点ピーク流量時において毎秒３０００㎥の洪水をダム下流には毎秒２００㎥の放流になるよう調整します。
洪水期・梅雨時期　台風やその他豪雨等により、大きな洪水の発生が予想される期間、主に夏から秋。

② 新規都市用水の供給
群馬県及び下流都県の新規都市用水として、毎秒最大22.209㎥の 供給が可能

③ 流水の正常な機能の維持
ダム下流に位置する名勝吾妻渓谷の景観等を保全するための流量毎秒2.4 ㎥を確保し、吾妻川の流況の改善を図る

④ 発電
群馬県営八ッ場発電所において最大出力11700 Kwの発電を行う

国交省八ッ場ダム工事事務所公表資料より
著者作成（令和元年１０月）

八ッ場ダム　横断図

国交省八ッ場ダム工事事務所公表資料より著者作成（令和元年１０月）

（２０１９年１０月１５日現在　貯水位　標高５８３．０m　貯水率１００％）

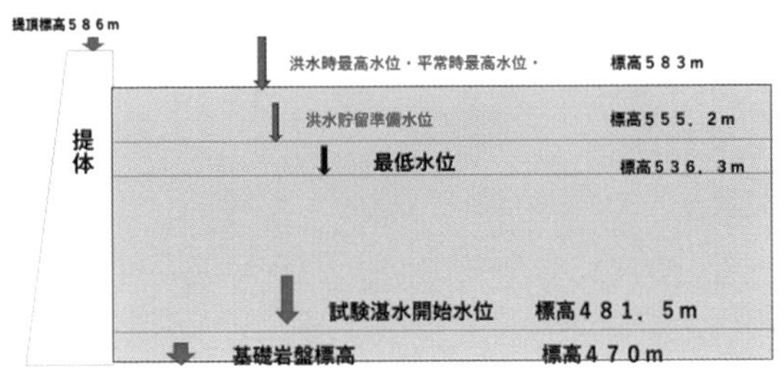

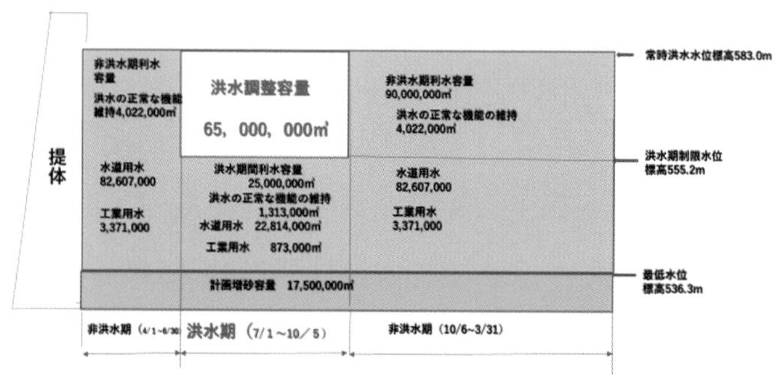

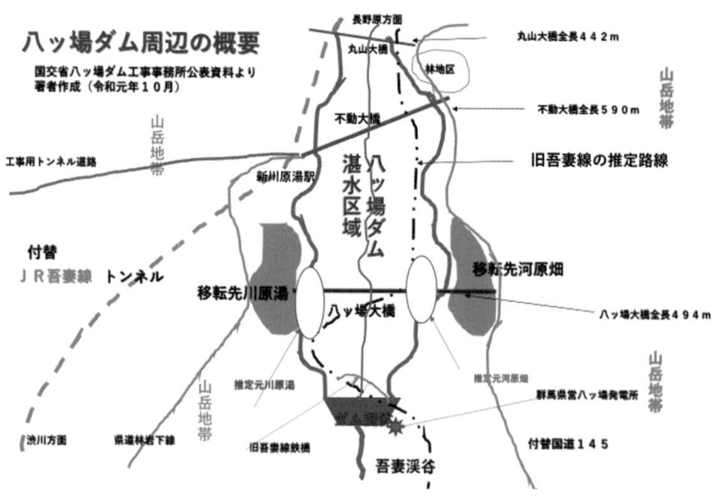

八ッ場ダムには、ダムの堰体から上流に向け八ッ場大橋（湖面１号橋）、不動大橋（湖面２号橋）、丸岩大橋（湖面３号橋）の３本の主要橋が架かっております。その中でも八ッ場大橋はダムに水がたまるまでの間川底か

ら高さが106メートルと日本一を誇っておりました。

2019年４月20日、本体のコンクリートの打設完了も迫ってきている最終段階の合間のイベント、期間限定のバンジージャンプがオープンしました。

オープン初日ファーストジャンプした人、なんと地元の長野原町長の萩原睦男氏でした。いくら安全が確保されているとはいいながら100メートルもある川底を覗いただけでも通常の人はその恐ろしさに尻込みしてしまうでしょう。

そんな精神的にも厳しい環境の中で、スーツ姿の萩原町長は両手を大きく広げて鳥のように谷底めがけて飛び降りました。

この度胸の良さと決断力、そして終わった後のインタビューの放映画面を見るたびに、その笑顔に何とも言えないすがすがしさと親しみを感じられずにはいられません。見学した多くの長野原町民の皆様は惜しみない拍手を送りました。この町長なら任せられる思った町民は数多く居たと思います。

リーダーのあるべき姿を自ら示した1971年生まれの若手の情熱町長。

指揮官は常に先頭に立って士気を鼓舞しなければなりません。

八ッ場ダムは常に問題を提起されてきましたが、町長の哲学は問題を提起するのでなくその問題をいかにブランドに高めていくかということで、常に明るい話題を見つけて町民とともに地域のために歩んで行こうという心意気が感じられます。今回も自ら先頭に立って示したバンジージャンプの雄姿をみてもそうです。

少子高齢化が進む中で、郷土のためそして日本のためにも若い情熱溢れるリーダー萩原町長に期待したいと思います。

萩原町長のファーストジャンプの雄姿
2019年４月20日八ッ場大橋　川底まで106m

令和元年東日本台風（19号）で満水時の状況
令和元年10月18日著者撮影　八ッ場大橋上からダム提体を望む

3－5　八ッ場ダム水力発電所

群馬県営八ッ場ダム水力発電所は、八ッ場ダムの完成には間に合いませんでしたが2020年度中には完成する見込みです。

発電規模は、最大発電出力１万7,000キロワット年間発電電力量約４万2,000キロワット時（一般家庭のおおよそ１万2,000世帯分）最大使用水量は、毎秒13.6㎥となりますので、１分間に816トンの水が放流されることになります。なお、水利権を持つ東京電力は、安定的な水量を確保するため、八ッ場ダムで使用した毎秒13.6㎥の水量を導水管方式で、下流の発電所である松谷、原町、金井、渋川、佐久の６発電所を結ぶ予定です。

3－6　ハッ場ダムと令和元年東日本台風（19号）

令和元年６月に本体のコンクリート打設も完了し建設工事も終盤を迎えました。ダムの本格的運用を始める前に実際に水を貯めてダムの提体や貯水池周辺の安全性を確認するための湛水試験を実施しなければなりません。

湛水試験は令和元年10月１日10時40分より開始されたと報道されました。発表当時の気象並びに平常時の流入する水量予測から見て最高貯水位（常時満水位）に到達するまで３～４か月はかかると想定されておりました。

そして常時満水になってから少しずつ水を抜きながらダムの最終的な安全確認を経て完成する予定でした。

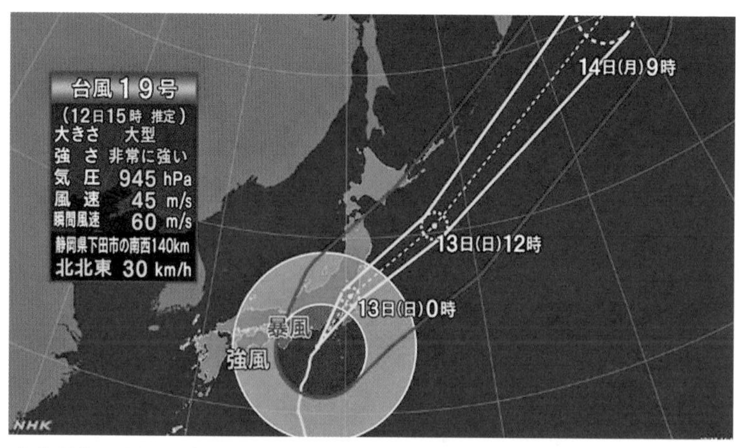

令和元年10月12日令和元年東日本台風（19号）の進路と規模（ＮＨＫ発表のテレビ画像より）気象庁はⅠ都６県に大雨特別警報、最大級の警戒をするよう発表（東京、静岡、長野、群馬、栃木、埼玉、神奈川）

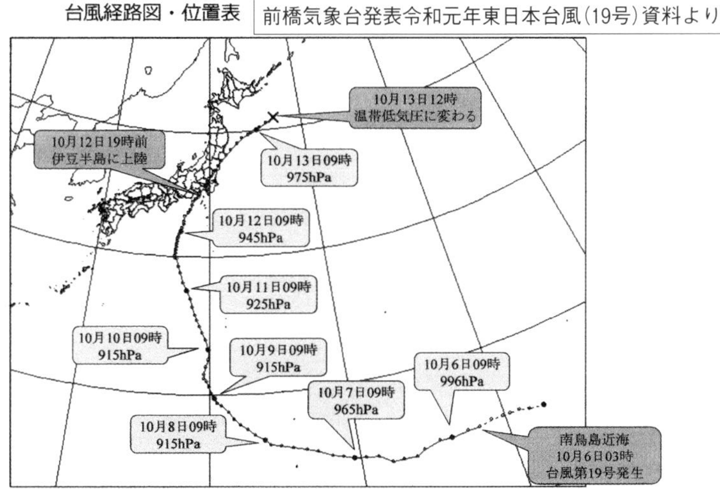

台風第19号 経路図（日時、中心気圧（hPa））速報解析
※点線の経路は熱帯低気圧時の経路を示しています。

○アメダス総降水量分布図（10月11日00時～10月14日00時）

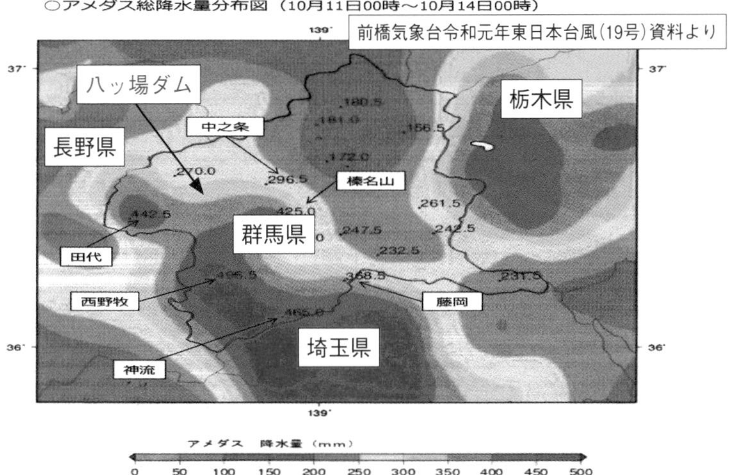

群馬県内の総降水量　嬬恋村田代442.5mm　中之条町中之条296.5mm　下仁田町西野牧496.5mm　榛名山425mm　藤岡市368.5mm　甘楽郡神流465mm

ところが令和元年10月12日伊豆半島に上陸した令和元年東日本台風（19号）は首都東京を横切り東北地方の太平洋に抜けました。近年にない大型台風で、上陸する前から、大雨特別警戒の雨雲が各地に多量な雨を降り注ぎ、関東甲信越及び東北地方に甚大なる被害をもたらしました。群馬県でも各地で甚大なる被害が発生しましたが、八ッ場ダム上流約30kmの嬬恋村では、台風災害としては、過去最大級の甚大なる被害を受けました。国道、県道、村道の多くの箇所で通行不能になったほか、ＪＲ吾妻線も線路が寸断され運休が続きました。降雨量につきましては、同村鹿沢地区では最高の累計雨量485ミリメートルを記録し、特に鹿沢、田代、長井川原地区に大きな被害がありました。吾妻川は各所で氾濫し、護岸ブロックを破壊し、川幅を広げ周辺の崖を崩し建物や車両等を飲み込んでしまいました。

田代地区の下流域の大笹地区の吾妻川に架かる鳴岩橋は流木土石流等が橋げたに集積しそれが障害となり濁流の勢いで崩落してしまいました。特にＪＲ吾妻線は長野原草津口駅から大前間の山間部が崩壊、その土石流により線路が各所で寸断さ今までにない大きな被害を受けて、約４か月に及ぶ長期間の運休が続きましたが、令和２年２月21日普及しました。

八ッ場ダムの地元長野原町でも北軽沢の名所の照月湖

が決壊し、美しい湖面は見る影もない姿に変わってしまいました。風光明媚な照月湖は、夏は、リゾート地としてまた冬になるとスケートを楽しむ人が多く集まりました。当時の状態に戻るまでしばらく時間がかかると思います。

その他、町内各地で土砂の流出や道路の崩壊など甚大なる被害が発生しました。

2019年10月　令和元年東日本台風（19号）の長野原町
大桑地区の道路被害の状況

長野原町広報誌　令和元年11月号の報道写真参照

今回の集中豪雨は100年に１回起きるかどうかと言われるとてつもなく大きなもので、吾妻川に流れ込んだ総雨量は、国土交通省の発表によりますと、八ッ場ダムには11日午前２時ごろから13日午前５時ごろの間に7,500万㎥の雨水が流入しました。その結果、ダム湖の水位は一晩で一気に54メートルも上昇しました。その後も水量が増え続け、15日午後６時ごろ満水位に達しました。

令和元年東日本台風（19号）が発生する以前から、10

月18日13時に萩原町長との面談を約束しておりました。初めて新庁舎の長野原町役場を訪問しました。

町長は、台風の被害の調査など大変お忙しい中でしたがしばし時間を割いていただき面談していただきました。

久しぶりに訪れた故郷、台風の集中豪雨で赤茶けた濁流で満水になった八ッ場ダムの状況を目前にその著しい変貌に唯々目をみはるばかり、私どもが過ごした時のあの吾妻川を挟む山並みの景観が一変してしまいました。初めて目にする遥か彼方まで広がる湖面と、そこに架かる近代感覚あふれる幾つもの橋をみるにつけどこか別な世界に飛び込んでしまったような心境になりました。吾妻川の深い谷間もすべて満々と水をたたえる湖面の流れに替わってしまいました。

３年間通学した長野原東中学校の在ったあたりは、国道145号八ッ場バイパス道路やＪＲの路線などの変更工事により大きく様変わりしてしまいました。

その付近は満水時の湛水域終端部となっておりますが、東中学校の跡地は、水没することなく左岸の護岸の内側に残っている様でした。

私が通学していた頃の東中学校は、当時の国鉄吾妻線の長野原駅からおおよそ300メートル位川原湯温泉寄りの吾妻川の左岸川沿いに位置しておりました。

吾妻川は、校庭のすぐ南側を流れておりましたが、深い谷底という感じでなく、校庭と吾妻川の高低差はあまり感じられませんでした。

新しいＪＲ吾妻線の路線は、当時の長野原東中学校の下流の吾妻川を鉄橋で渡ると直ぐにトンネルで、川原湯温泉駅直前でいったん出ますが、また長いトンネルに入り岩島に通じております。

昭和31年４月に中之条高等学校に入学し通学していた当時は、まだ蒸気機関車が煙をもうもうと吐きながらチョコレート色の客車を２～３両牽引しておりました。

長野原から中之条迄通学していた当時の吾妻線の風景が目に浮かびますが、現実の景観に打ち消されてしまいます。もう当時の景色は写真以外目にすることが出来ません。

旧吾妻線の長野原駅を出ると直ぐにトンネルがあり、吾妻川沿いを下り、河原畑で鉄橋を渡りすぐ川原湯温泉駅がありました。そして、川原湯温泉駅を出るとまたすぐ鉄橋を渡り、岩島駅まで吾妻渓谷沿いで、日本で一番短いトンネルで有名な樽沢トンネルなど数箇所トンネルがありました。トンネルに入る度に機関車の煙が窓から飛び込んだものです。

その当時、蒸気機関車は終末期を迎えており、時を待たずにその秋ごろから客車は全面的に気動車に替わりました。
八ッ場ダムが計画実行段階で最初に手掛けたのが吾妻線の付替工事で岩島から吾妻川を鉄橋で渡り、長野原まで新しいトンネルを走行することになりました。さらに、湖面に架かる、八ッ場大橋、不動大橋、丸岩大橋などそれに付随する道路建設などが進みました。
当時、車窓から目にしていた川原湯温泉及び河原畑地区そして、吾妻川の左岸を走っていた吾妻線のほとんどが水没してしました。吾妻川に架かっていた川原湯温泉と長野原間の２本の鉄橋もほぼ当時の原形のまま湖底に沈んでいます。
八ッ場ダムの完成は新たな第一歩、多くの思い出を残し湖底に沈んだ川原湯温泉・川原畑・林・横壁等また旧国鉄時代から走り続けた吾妻線に関係する皆様の思いは複雑極まりないことと思います。
令和２年（2020年）２月19日気象庁は、関東甲信越、東北地方に多くの被害をもたらした台風19号に令和元年東日本台風と命名（同年９月発生した台風15号と共に命名）しました。
台風に名前を付けるのは1977年（昭和52年）９月の「沖永良部（おきのえらぶ）台風」以来42年ぶりとなりました。
参考までですが、気象庁が台風の名称を定める基準は、「大規模損壊1,000棟以上、浸水家屋10,000棟以上、相当な人的被害」などと設定しております。なお、政府は、この台風の被害に対し、激甚災害、特定非常災害（台風としては初めて）、大規模災害復興法の非常災害（２例目）の適用を行いました。また、災害救助法適用自治体は2019年11月１日現在で14都道府県390市区町村であり、東日本大震災（東北地方太平洋沖地震）を超え過去最大級の適用となりました。

令和元年東日本台風（19号）で満水の状況　八ッ場大橋上からダム堰体を望む前方の山並みは薬師岳

はるか前方にかすかに見えるのがダムの堰体　10月18日著者撮影
赤茶けた水面の湖底には、元川原湯温泉、川原畑集落、ＪＲ吾妻線の旧線路鉄橋が水没しております。

湖面１号橋　八ッ場大橋上よりダム堰体部を望む　満水状態　10月18日著者撮影
前面に見える帯状に浮かんでいるものが、流木止設備（網場）は、上流から流れてくる流木やごみを止める役目をしており、ダムの施設を傷つけたり、水質悪化を防止する役割をしております。定期的に流木等の浮遊物を除去しております。

八ッ場大橋全長494mを左岸側より、令和元年10月18日著者撮影
この橋上を令和２年４月１日2020東京オリンピック聖火ランナーが走る予定でしたがコロナウイルスの猛威のため延期になりました。

国土交通省はこのままの状態を継続しながら、湛水試験を経てダムの安全性の最終的な確認を令和２年３月９日に終了しました。いよいよ本格運用に向け10日より貯留を開始し令和２年４月より本格的な運用開始となりました。

３－７　令和元年東日本台風（19号）と利根川水系のダムの効果

令和元年11月５日国交省関東地方整備局河川部の記者発表資料「台風19号における利根川上流ダム群の治水効果（速報）」によりますと、利根川の治水基準点である群馬県伊勢崎市の八斗島（やったじま）地点（坂東大橋左岸下流400m付近）の上流においては、利根川上流ダム群「八木沢（水上町）、奈良俣（水上町）、藤原（水上町）、相俣（水上町)、薗原(沼田市)、下久保(藤岡市)八ッ場ダム(長野原町)において、約1億4,500万㎥の洪水を貯留しました。これらのダムの貯留により、八斗島地点では、約1メートル(速報値)の水位が低下したものと推定されます。中でも、本格運用に向けて試験湛水中の貯留に余力のあった八ッ場ダムは、全体の半分強の7,500万㎥を貯留しました。八斗島基準点の最高水位は、4.1メートルを観測しました。仮に7ダムがなかった場合は、最高水位は、約1メートルほど上昇し5.1メートルに達したと推定され、氾濫危険水位、4.8メートルを超えたと思われます。この状況からして、同整備局はダムの治水効果が大きく発揮されたとしております。

利根川百年史を見ますと、利根川は流域が広いため、源流部から伊勢崎市の水位観測所の有る八斗島までを上流部とし、八斗島から千葉県の関宿までを中流部、そして関宿から銚子市の河口までを下流部の三流域に分けております。

源流部から流れ下った利根川は渋川市で吾妻川を合流し、前橋市の群馬県庁をかすめるように流れ、埼玉県の本庄市と伊勢崎市の八斗島で烏川と合流し急にその川幅を膨らませております。

八斗島に利根川の治水基準点が置かれている背景を見ますと、明治政府は政治・経済・社会の仕組みを近代的に変革し、近代国家をつくり上げようとしました。このため、政府及び民間は様々な分野の専門家を欧米諸国から招致し、進んだ諸制度・科学技術などの導入に力を入れました。河川や港湾の分野におきましては、主にオランダ人技師を雇い入れました。

オランダ人技術者による技術指導で、「明治の利根川の改修工事」（明治５年～明治32年）が八斗島から河口に至る区間で実施され水位観測測定所も主要箇所に設置されました。その時、設置されたのがその後も継続され現在の八斗島基準点として現在も活躍しております。

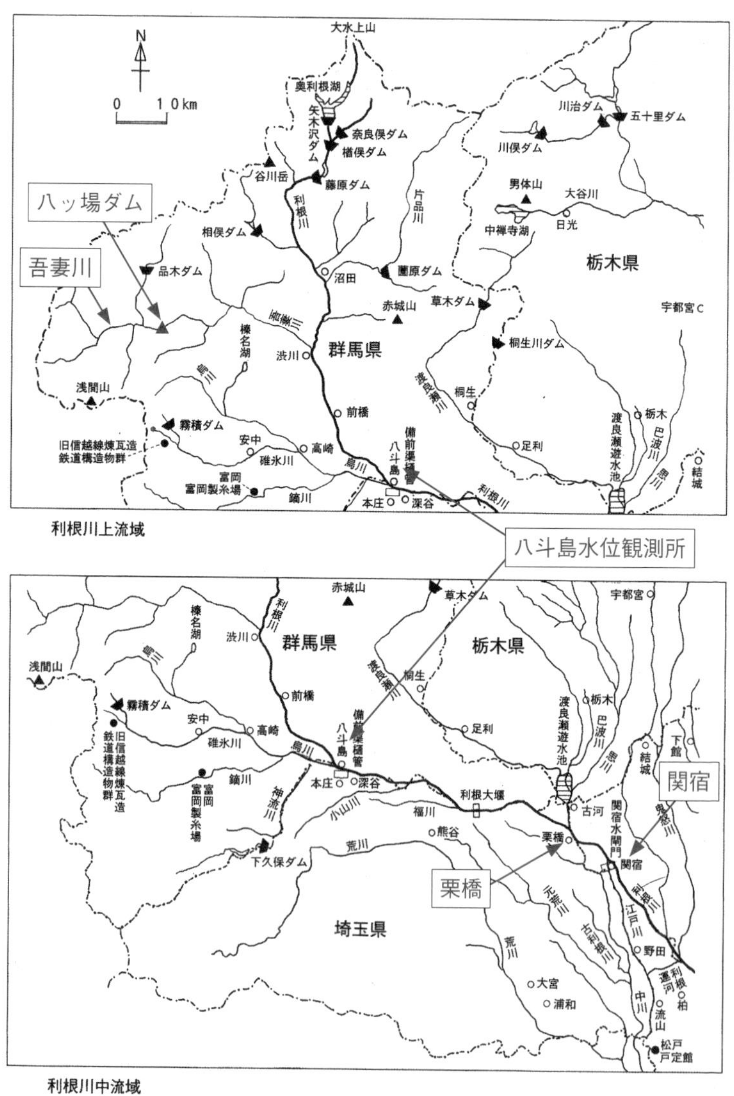

利根川上流域

利根川中流域

利根川百年史資料参照

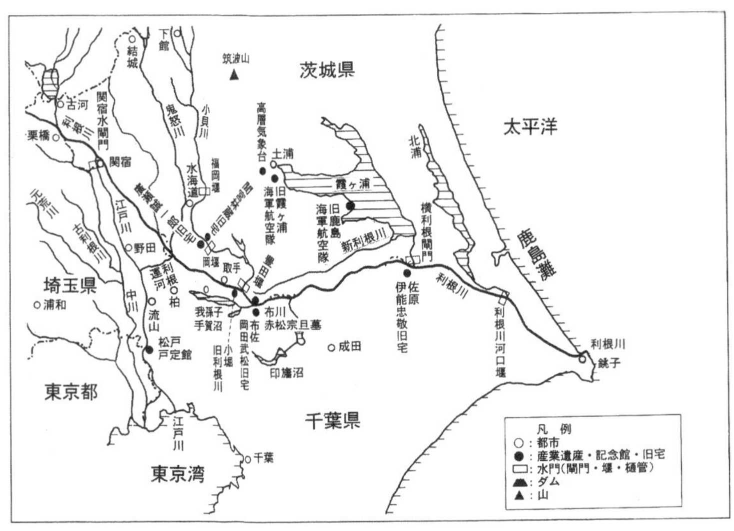

利根川下流域

千曲川をはじめ各地で多くの水害が起きている中、伊勢崎市の八斗島より下流の埼玉県の栗橋周辺では氾濫水位限界に達しました。それでも幸運にも特に大きな水害が起きていないところを見ると湛水試験中と言いながらも八ッ場ダムは、危機一髪の中・下流域の氾濫を一時的に食い止めた効果は大で有ったと評価しても良いと思います。

今後この実態を踏まえ更なる検証がなされ、洪水対策等総合的なダムのあるべき姿が議論されると思います。

3－8　八ッ場ダムの湖名について

国土交通省関東地方整備局の令和２年１月27日の記者発表資料によりますと、八ッ場ダム水源地域ビジョン協議会（地元住民、長野原町・東吾妻町、群馬県及び国土交通省で構成）では、八ッ場ダムによって誕生する新しい「湖」の名称について、令和元年11月８日から同年12月８日までの１か月間湖名について、全国に公募しました。その結果、全国各地から総数約1,000件の応募が寄せられました。協議会の選定協議により「八ッ場あづま湖」と決定したことが発表されました。この湖名はダム湖畔に設けられる湖名碑に記される予定です。

令和元年10月関東甲信越地方を襲った令和元年東日本台風（19号）は未曾有の降雨をもたらしました。荒れ狂った吾妻川、記録に残る中では最も大きい洪水を見事に受け止めた八ッ場ダム。一昼夜にしてほぼ満水になり赤茶けた水面で覆われてしまいましたが、 今は穏やかにエメラルド色の八ッ場あづま湖として穏やかに人々に安らぎをもたらしております。

この湖面を見ていると、東京で故郷のことを思いながら郷愁に慕っていた頃、大ヒットした松島アキラの「湖愁」を思い出し口ずさみたくなります。

この「八ッ場ダムあづま湖」が観光的にも素晴らしい存在になると思います。バックミュージックで「湖愁」

のメロデイーを流したとしたら、我々昭和に生きてきた人間は目頭を熱くし感激することと思います。日本ロマンチック街道沿いのこの湖の果たす役割は大きい。四季折々のその景観のすばらしさ、老若男女問わず感動することでしょう。

3－9　八ッ場ダム（八ッ場あづま湖）の完成

歴史上に残るカスリーン台風で決壊した利根川は人的にも物的にも甚大なる被害をもたらしました。これがきっかけとなり八ッ場ダム建設計画が浮上しました。あれから68年賛否両論の戦いを経て遂に完成の日を迎えました。

完成式典の直前、突如現れた新型コロナウイルス感染症に世界各国の人々はその伝染力の速さとその脅威に慄き戦々恐々としている折、当初予定された３月29日の式典は延期となりましたが、八ッ場ダムは令和２年（2020年）年３月31日静かに完成を迎えました。

これも歴史上の数奇な出来事、まさに人類は、一つの地球の中で生きているのです。一地域のことでなく全体の幸せを考える時期が到来しました。

新しい地球環境の在り方、すべての人間が幸せに生きられるその方策を探りそして実現しなければならない時期、グローバル化した世界は大きく変わろうとしております。

令和元年10月14日の状況　令和元年東日本台風（19号）の集中豪雨により満水になった
八ッ場ダム上流　不動大橋上よりはるか前方に見えるのが八ッ場大橋

川原湯駅より約50m上流右岸側からに八ッ場ダムで一番長い不動大橋全長590m湖面２号橋を望む
前方右左岸かすかに見える建物付近が道の駅ふるさと館　山並み左側が林地区　10月18日著者撮影

ＪＲ長野原草津口駅前　長野原大橋上より　前方右手長野原めがね橋　左中央ＪＲ吾妻線鉄橋　左側がＪＲ長野原草津口駅　湖面は満水状態予想湛水区域の末端地域　厚い雲に覆われた山並みが八ッ場ダムの右岸側

ダムの完成とともに長野原町は町制施行130年という節目の年を迎え「日本ロマンチック街道」の沿線にふさわしい、リゾート地そして観光地としても大きな発展が期待できると思います。そして、首都圏のために八ッ場ダムの果たす役割は大きく下流域の治水対策・水力発電、生活・農業用水としても末永く貢献すると思います。

３－10　新型コロナウイルスの猛威と八ッ場あづま湖オリンピック聖火リレーの延期

世界中にあっと言う間に拡散した新型コロナウイルス

感染症、最初は誰しも一国の問題で簡単に収まるだろうと人ごとに考えていましたが、その伝染力と死に至る脅威に人々は恐れおののきました。

アテネでの聖火リレーなどは中止となりましたが、それでもギリシャのヘラ神殿で採火された聖火は2019年３月19日アテネのパナシナイコススタジアムにおいてギリシャオリンピック委員会から東京2020オリンピック組織委員会に引き継がれ、聖火特別輸送機「ＴＯＫＹＯ2020号」で56年ぶりに日本に運ばれてきました。

３月20日予定よりも１時間早く９時36分に航空自衛隊松島基地に到着しました。その後11時20分から聖火到着式が開催されました。

東日本大震災で甚大なる被害を被った東北３県（福島、宮城、岩手）で「復興の火」として展示された後３月26日福島県をスタートする予定でした。しかしながら猛威を振るっております新型コロナウイルス感染症の脅威のため中止されました。このような不安な社会環境の中ではオリンピックの開催は難しいと１年延期されましたが、関係者皆様の苦渋の選択は適切であったと考えます。

歴史は人間に試練を与えております。苦難を乗り越え、必ずや新しい試みで福島から聖火がスタートして、八ッ場ダム周辺を走ることと思います。

時代は常に新しい足跡を残しながら次の世代にバトンを渡してゆきます。

令和２年３月31日八ッ場ダムは68年という永い道のりを経て完成しました。八ッ場のダムの谷間は落葉樹の雑木がその肌を見せ寒々としておりますが、新芽を芽吹こうとその準備の色彩が色づき始めました。新型コロナウイルス感染症で戦々恐々としている昨今、八ッ場ダムは誕生しました。必ずや人間の英知で新型コロナウイルス感染症を食い止め、聖火が走り2020年東京オリンピックが盛大に開催されることを期待したいと思います。

まさに人類は、一つの地球の中で生きているのです。争っている場合ではありません。新しい地球環境の在り方、すべての人間が幸せに生きられるその方策を探りそして実現しなければならない時期が到来しました。

(群馬県土整備部特定ダム対策課資料より)

◎**八ッ場ダムの完成までの経緯**

昭和27年に建設省（現国土交通省）が利根川の氾濫による洪水被害を防ぐとともに、首都圏の人たちの生活用水や工業用水を確保するために長野原町と東吾妻町の境に計画したダムです。

・　反対運動

計画当初は首都圏の人たちのために故郷が水没することに地元住民の強い反対運動があり町を二分するような賛成派と反対派に分かれた時期もありましたが、平成２年に建設省と群馬県が地域居住計画を提示することで話し合いが始まりました。

◎**事業の経緯等抜粋**

・　昭和55年11月　　長野原町及び同議会に「生活再建案」提示
・　昭和55年12月　　吾妻町及び同議会に「生活再建案」提示
・　平成４年７月　　長野原町が「八ッ場ダム建設に係る基本協定書」を締結
・　平成７年11月　　吾妻町が「八ッ場ダム建設に係る基本協定書」を締結
・　平成26年８月　　ダム本体建設工事の工事請負契約を締結
・　平成27年２月　　ダム本体建設工事起工式の開催
・　平成28年６月　　ダム本体コンクリート打設開始
・　令和元年６月　　ダム本体コンクリート打設完了
・　令和元年10月１日　ダム試験湛水開始
・　令和元年10月15日　午後６時ごろほぼ満水
・　令和２年３月９日　ダム湛水試験終了
・　令和２年３月29日　ダム完成式典延期
・　令和２年３月31日　ダム完成　運用開始
・　令和２年４月１日　ダム運用開始オリンピック聖火ランナー延期

4　災いを守る職場（首都東京の消防官として）

4－1　天職としての職務

終戦直後昭和25年（1950年）８月５日㈯、私にとりましては生涯生忘れることのできない運命の日でした。

当時の世の中の世情を見ますと、やっと太平洋戦争が終わったと思ったら、また戦争。朝鮮半島では、今でも休戦状態が続く朝鮮戦争が勃発した年でした。戦後のＧＨＱ（連合軍司令部）の統治下で少しずつ明るい兆しが見えてきた時期、並木路子の「リンゴの唄」や美空ひばりの「東京キッド」などの流行歌が町の中に流れ、人々は希望をもって歩み始めた頃です。

私は小学４年生で10歳の誕生日を迎えた直後、浜岩橋の崩落事故に遭遇しました。あの恐怖の一瞬が幼心のトラウマになってしまったのか、私はよく怖い夢を見ました。「奥深い山中をさ迷い歩いていると、後ろの方から化け物のような、魔物のような、獣のような、得体の知れない恐ろしいものが私を捕まえようと、追いかけてくるのです。私は恐ろしさのあまり必死で逃げましたが、結局断崖絶壁に追い詰められてしまいます。絶体絶命もう逃げることが出来ない。そこで私は意を決し夢中で谷底の対岸の山に向かって飛び降りました。

体が「ふわっと」宙に浮き着地したところで目が覚め

ます。」「助かって良かった。夢で良かった。」と胸をなでおろしたことが何回か記憶に残っております。

生死の分岐点、自分では決められない瀬戸際で、幸運にも生の道を歩むことが出来ました。この運命の不思議さと神秘性を感じます。

あの時命を落としていたらと、考えた時も何度かありました。そのたびに生きていて良かった。その幸せと命の尊さをしみじみと感じております。

当時の事故の思いが心に影響を与えたかどうかは自分でも判断しかねますが、私は、何時しか人々の命を守る首都東京の消防官に魅せられるようになり、躊躇することなくその道を選択しました。

終戦間際の混乱期、歴史上にもあまり知られていない地震が、昭和18年（1943年）から終戦を迎えた翌年の昭和21年（1946年）にかけて４年連続で日本列島を巨大地震が襲っております。昭和18年鳥取地震（死者1,083人)、昭和19年東南海地震（死者988人、津波被害流出家屋3,059棟)、昭和20年三河地震（死者2,306人)、昭和21年南海地震（死者1,330人、津波流出家屋1,451棟）そして、昭和22年のカスリーン台風の水害（死者1,077人、行方不明853人、家屋損壊9,298棟、浸水家屋384,743棟)、昭和23年（1948年）の福井地震（死者3,769人）などの自然災害が続出しました。

空襲で焼けた町、地震で焼けた町、津波に襲われた町、水害で水没した町、日本は立ち直れるのか。そんな時代背景の中で、食料や住まいもままならない混乱している終戦直後ＧＨＱは、日本の民主化を断行しました。

戦前の消防の体制は、警察行政の一部とされておりましたがＧＨＱは、民主化の一環として消防の制度を警察行政から分離独立させました。

東京を例にとりますと、警視庁消防部を分離独立させ東京消防庁の新たな消防組織を確立しました。この改革は、消防を専門的に関わった人々にとりましては「青天の霹靂」その喜びが目に浮かびます。大いに歓迎されたことでしょう。そして、積極的にＧＨＱに協力し新しい消防制度を確立したのではないかと思います。

昭和23年（1948年）３月「消防組織法」が施行され自治体消防制度の発足とともに東京の特別区（23区）に存する消防行政は、東京都（知事）が一体的に管理するようになり「東京消防庁」が設置されました。

全国の消防の模範として歩み始めた東京消防庁、先輩諸氏の熱意と心意気が感じられます。警視庁消防部から独立し、新たな組織東京消防庁が発足して12年後、組織も安定し職員も一丸となって職務に燃えているそんな時期に私は、1960年東京消防庁に入庁しました。

以来日本の経済発展とともに複雑多様化する災害から

初代の東京消防庁永田町本部庁舎　最高裁判所方面からの姿　写真の右片隅が玄関　玄関の左寄りが半地下の駐車場　屋上は塔屋及び無線塔　建物の右隣は全国町村会館　全面道路にはしばらく都電が走っておりました。道路は三宅坂交差点より平河町交差点まで緩い上り坂　現在は首都高速都心環状線
千代田区永田町一丁目20番地　1957年（昭和32年）10月９日に着工し、1959年（昭和34年）３月７日落成　地上８階地下１階延べ面積9,536㎡　著者も機械部技術課で昭和48年より昭和51年４月までの間勤務　その後現在の大手町庁舎に移転　写真は元東京消防庁次長長谷部義雄氏著（消防随想ルーツを求めて）より

正面玄関の様子　現在でも国の機関が永田町合同庁舎として使用しております。建物全体に化粧の外板を張り直し綺麗に仕上げております。玄関周りはほとんど当時と変わりありません。玄関入り口まで道路面から階段で概ね15段位　入口の２本の黒御影石と思われる柱は当時のままです。

1960年当時の状況　最前列中央は江藤彦武消防総監、右隣が山田義郎消防学校長、最前列は消防学校の幹部
第２列目は消防学校教官及び助教　第３列目～６列目は第360期生45名
著者は最後列右から４番目
昭和30年代の東京消防庁消防学校　その後数回の改築を経て現在の新庁舎に至る（渋谷区西原２丁目）

写真は現在の東京消防庁消防学校第一校舎（他第二校舎、総合体育館、訓練塔、西原寮、幡ヶ谷寮）
（渋谷区西原２丁目）東京消防庁公開資料参照

都民を守ることを天職とし歩むことが出来ました。

初めて身に着けたダブルの制服に金ボタン、内藤清五音楽隊長指揮による華麗なる東京消防庁音楽隊の演奏で迎えられ消防学校に入校しました。

音楽隊のあの力強い行進曲の演奏に心打たれました。当時の感激は今でも忘れることはできません。

間もなくして、1964年10月10日から10月14日までの15日間、アジアで初めての第18回オリンピック東京大会が開催されました。

東京消防庁としても初めて経験するオリンピック、全職員一丸となって各会場の火災予防安全対策・事故防止対策等の重要な任務に当たりました。

私は入庁間もない新米の消防官でしたが、幸運にもメインスタジアムの国立競技場の安全を確保する消防隊として、避難誘導・消防設備をはじめとする火災予防対策などの会場管理の隊員に任命されました。

基礎英会話などの特別教育訓練を受け、期間中専門にその任務にあたりました。

前日の10月９日は関東の南海上を通過した低気圧の影響で大雨が降り心配されましたが、当日は、オリンピックに相応しい晴天に恵まれた開会式でした。午後２時オリンピックファンファーレのトランペットの輝く音色が国立競技場の青空に鳴り響きました。引き続き、陸海空自衛隊・警視庁・東京消防庁等の大音楽隊の躍動溢れる東京オリンピック行進曲の演奏に合わせ世界94か国、ギリシャを先頭に7,060名の選手団の入場行進が始まりました。

あの会場の熱気あふれる歓声、そして最後に入場してきた赤と白のユニホーム姿の日本の選手団あの光景が目に浮かびます。

戦後19年目にしてアジアの極東のはずれの日本で見事に成功させた東京オリンピック、この快挙は二度と戦争をしないと誓った平和を願う日本国民の総意の表れでした。また日本全国どこの町でも三波春夫の東京五輪音頭が流れ、活気にあふれておりました。

TOKYO 1964
第十八回オリンピック競技大会
LES JEUX DE LA XVIII OLYMPIADE
THE GAMES OF THE XVIII OLYMPIAD
感謝状
DIPLOME DIPLOMA
安齋 克三
財団法人オリンピック東京大会組織委員会
会長 安川第五郎

1964年東京オリンピックで組織委員会安川会長から頂いた感謝状貴重な一枚

オリンピックの開催直前の10月１日より営業開始した世界で初めての高速鉄道東海道新幹線や高速道路など日本の戦後復興の目覚ましさとその技術力の高さに訪れた世界各国の人々を驚愕させました。また、東京オリンピックは、「テレビオリンピック」とも言われ、日本の放送技術の高さを世界に示しました。開会式、閉会式はもとよりバレーボール、柔道、体操、レスリングなど８競技がカラーで放送されました。これが機会にお茶の間にカラーテレビがあっという間に普及しました。その後、高度経済成長からオイルショックの時代、そして阪神・淡路大震災を経て高齢化社会の到来を告げる平成12年まで、永年奉職することが出来ました。経済の発展と火災などの災害は、一時期まで比例しており、1965年（昭和40年）ごろは東京消防庁管内の火災件数は年間１万件に迫りその他ガス爆発やいろいろの災害がありました。この傾向は、日本全体の姿でもありました。

特に私が最初勤務した消防署は、下町で木造密集地の都内でも有数の火災の多い地域でした。火災が起きるたびに必ずと言ってよいほど大きく燃え広がりました。学校火災もよくありました。戦後まもなく建築した木造・防火造の建物で火災が起きますととてつもなく大きな火災になりました。

多くの災害が有る度に消防法なども改正されてきましたが、日本の経済発展は目覚ましいものがあり、都市構造の不燃化が進みました。火器使用器具等も安全性が高まり、火災なども減少傾向に来ておりましたが、複雑化した雑居ビルなどの火災などで多くの人命が失われる都市型の火災が多発しました。

消防法の規制も厳しくなりましたが、小規模の雑居ビルが集中している都市部においては、火災危険が潜在し防火管理の重要性が一段と高まっております。

多摩地域においても市町村単位で消防の任務を果たして来ましたが、都市開発が進み消防の行政需要増大等により昭和35年以降逐次消防事務の受託を開始し、現在では受託市町村は25市３町１村となっております。

東京消防庁の職員定数18,502人、10消防方面本部、消防署81、消防ヘリコプター大型４機、中型４機、そして大型化学消防艇をはじめ８艇を含め消防車両等1,977台の世界でもトップクラスの消防組織となっております。

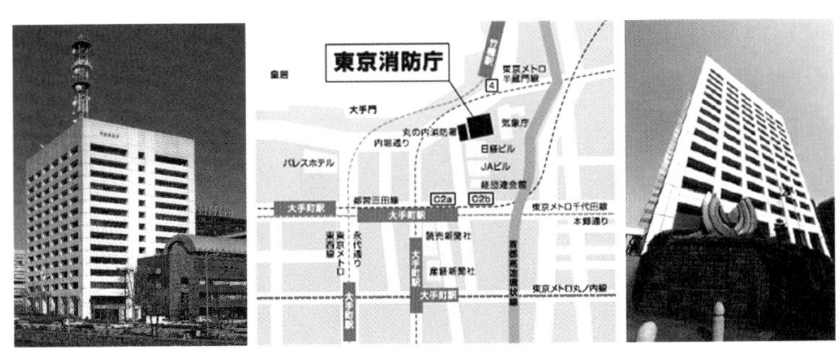

現在の東京消防庁大手町本部庁舎　写真は元東京消防庁次長長谷部義雄氏著（消防随想ルーツを求めて）及び東京消防庁資料より
1976年（昭和51年）４月10日千代田区大手町一丁目３番５号に地上14階地下３階　無線塔を含め地上高119m　延べ面積30,679㎡で落成　前面の褐色の建物が丸の内消防署と合築　皇居お濠側が正面玄関　北側は気象庁側出入口　落成直後、著者は永田町庁舎より11階の装備部管理課に異動
その後転出入を繰り返し消防士長・消防司令補・消防司令・消防司令長まで勤務　思い出深い庁舎

関東大震災以降首都圏におきましては、大きな地震が起きておりません。

特に危惧されることは、首都東京を中心とする首都圏の地震の再来であります。

地震対策は最重要課題として消防行政を進めて来ました。

4－2　未曽有の災害に遭遇対処

1995年（平成７年）１月17日㈫午前５時46分52秒近代都市に甚大なる被害をもたらした阪神・淡路大震災、あれから四半世紀25年が過ぎました。

1995年１月17日　午後の神戸市の火災拡大状況　東京消防庁ヘリにて撮影

この間に、東日本大震災はじめ熊本地震など日本の各地で大きな地震が起きております。必ずと言って良いほどある時期が来ると日本のどこかで大きな地震が起きると言っても過言ではありません。

私は阪神・淡路大震災の時、東京消防庁消防科学研究所第二研究室長（現在は東京消防庁消防技術安全所危険物質検証課長）をしておりました。当時の研究室は、地震時の出火防止対策や化学物質の分析などを主な業務とするセクションでした。

阪神・淡路大震災に際しては、消防庁を挙げて全国消防本部の支援により対応したところであります。東京消防庁としても、発災と同時にヘリコプターや消防車両、消防隊を長期間にわたり現地に送り込み支援活動に取り組んできました。

私は、東京消防庁第二次支援隊長ということで発災から４～５日後、警防部長より現地に飛んでもらいたいとの下命を受けました。

本来ですと、警防関係のベテランが行くべきところと思いましたが、警防部長の意とするところは、地震時の出火防止対策を担当している、第二研究室長に現地の指揮官として部隊指揮をしながら、現場の状況そして出火の原因などを含め調査をして来いという思いが込められているのではないかと直感いたしました（警防部長からは具体的な指示はありませんでしたが、後日、私的な用事でお会いした時、お伺いしたところその意味が込められたということでした。)。早速準備をし、指揮官の交代要員として東消ヘリで現地に飛びました。

神戸市の上空から燃え尽きてしまった街を見分しながら緊張気味に、山沿いの臨時ヘリポートに到着し、その日は前任者の申し送りを受けながら、市の体育館の施設で仮眠をとり、次の日から神戸市消防局の指令室別室の東京消防庁の拠点に入り本格的な支援活動にあたりました。

東京消防庁の担当は東灘区周辺でしたが、私は、消防局の指令室別室で東京消防庁部隊の指揮と東京消防庁との連絡の任に当たっておりました。

沈静化したその後も震度３程度の余震が続き、倒壊した家屋などから火災も時々発生し、東京消防庁の派遣隊も消火活動に数回従事しております。

私も時間の許す限り、前線部隊の指揮を兼ね市内の状況を調査検分しながら、約１週間位支援活動に従事しました。ビルの倒壊やら、直下型地震のすさまじさと、近代都市が破壊し燃え尽きてしまった状況を見るにつけ、出火防止の重要性も勿論のこと初期消火体制の抜本的な見直しを痛感いたしました。

発災当時の神戸市役所別館ビルの座屈状況、６Ｆ部分が激しい横揺れにより座屈、後方のビルが神戸市役所本館高層ビル。
上段と中段の写真は、発災当時と概ね１年後の比較。いずれも著者が撮影
改修後の写真は、翌年度消防庁消防研究所との火災実験を神戸市消防局の協力を得て実施した時撮影した別館の状況。座屈した上階部分を取り壊して下階の部分を再活用。

市役所別館ビル同様、三宮駅周辺ビル４～６階のあたりが横せん断力により座屈したビルが散見されておりました。その後解体し新しい建物に

当時の神戸市内の家屋倒壊

長田区の延焼拡大火災の焼け野原の状況

4－3　地震災害に対する機器の考案

地震時の初期消火は機械力で勝負しないと太刀打ちできないことを切実に感じました。その理由は、

①「倒壊し、破壊した家屋は延焼し易いこと。」
②「倒壊した家屋に閉じ込められてしまう場合もあること。」
③「閉じ込められた人を助けるのに時間を要すこと。火災が起きないよう消火準備する必要があること。」
④「延焼拡大するのも早いこと。」
⑤「消火する水が無いこと。」
⑥「消火器具等が何処にあるか分からなくなること。」
⑦「大きく燃え広がった火災は、消火器等では太刀打ちできないこと。」
⑧「夜間であれば停電し暗闇の世界になること。」
⑨「激しい揺れのショックでただ茫然としてしばらく

何もできないこと。」

⑩「消防機関は期待できないこと。」

⑪「地域住民で対応せざるを得ないこと。」

以上のような劣悪な諸条件を克服し、地震火災を大きくしないためには、消火器や消火バケツもさることながら、機動力のある初期消火設備でないと対応が難しい。そこで考えられることが「人と機械と水」そして移動可能な簡易消火装置が必要であるという見解に達しました。

消防の基本「人と機械と水」それだけでは不十分、移動できることが最も大事であること。多少の障害物が散乱したとしても、「機械と水」を人の力で移動し消火活動できる消火装置を町の中に設置する必要性を痛感しました。

被災現場を見ながら、実現しなければと肝に銘じた次第であります。

支援活動をしている間に、出火原因のことも少しずつ情報として入り、電気による火災が多かったとのことも知りました。

任務を遂行し東京に帰り、簡単な報告書をまとめあげました。

わが第二研究室の出火防止対策の中で、今まであまり考えなかった地震時の電気火災を減らす工夫をテーマに第二研究室員の担当者と会議を重ね、業界の力も借り開発したものが「ユラポン」(ゆらっと揺れたらコンセントがポンと抜ける) そのという製品名で震度５強程度の揺れで、コンセントが抜ける装置の開発に成功し製品化にたどり着きました。(特許申請で公示) 現在は、特許も切れいろいろのものが世の中に出ているようです。

この「ユラポン」も阪神・淡路大震災の体験と調査結果から開発されたものであります。

発売当時の製品の状況

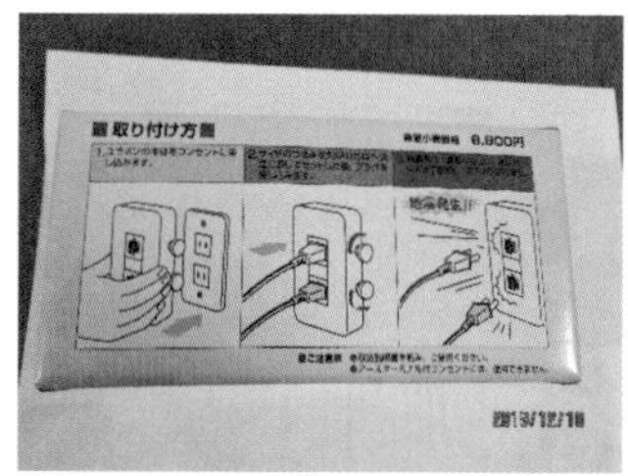

ユラポン前面の状況　　ユラポン背面の状況

家庭内の既存のコンセントに本体を差し込みます。
側面の２個の「つまみ」を廻し内蔵されたゼンマイでエネルギーを蓄えます。２個の赤い突起が引っ込み隠れます。その部分にコンセントを差し込みます。震度５強の揺れを感じると感振装置が働き赤い部分のバーが飛び出し、使用中のコンセントを押しその力で抜けます。

その直後、私は、清瀬消防署長の辞令を頂き清瀬市の地に赴きました。

消防科学研究所で果たせなかったこと、地震時の初期消火装置「人と機械と水」そして移動できることの４条件で何とか機動力の高い初期消火装置を実現したいとの強い思いに駆られ、警防課長そして機械装備係長以下２～３名に署長特命事項として構想を説明し、試作したのが雨水を有効に活用したアメタンカーケセルダーと命名した第１号機であります。

清瀬消防署アメタンカーケセルダー１号機誕生

地震火災を想定した消火実験なども東京消防庁消防科学研究所の協力を頂き、清瀬市下宿の東京都の下水処理場敷地を借り実施しました。火災荷重は350キロと地震火災を想定し少し多めにしました。出火から約２分後フラッシュオーバーに達してから、消火活動を実施し概ね１分後放水量200リットルの水で十分鎮圧できることが実証できました。

清瀬消防署管内でアメタンカーケセルダーの消火実験

消火能力の高い水の力をこの目で確認し改めて認識を新たにしました。

清瀬市の防災訓練等にも参加し、新聞等マスコミにも大きく報道されました。そして、清瀬市等の理解を頂き500リットル型第２号機を業者に依頼し制作しました。清瀬市所有とし、清瀬市中里四自治会防災対策委員会に配置しました。

アメタンカーケセルダー２号機清瀬市中里西自治会

清瀬消防署に２年弱おりまして、その後玉川消防署長に転任しました。この地域でも過密している住宅地が多く地震時の初期消火体制の見直し、２号機よりももう少し貯水タンク小さくし活動性の高いものにしたいという思いから、清瀬消防署での開発経緯を警防課長他機械装備係長に説明し、署長特命事項として完成したものが350リットル型の第３号機であります。

今までで一番コンパクトで走行性・安全性に優れたものであると思っております。この第３号機を基本にさらに電動補助動力装置等を装備すれば、少々の坂道でも走行性に優れたものが出来上がると確信いたします。

私が玉川消防署長在任中に東田園調布町会でも導入が決まり現在もいざという時のために町の中に待機しております。

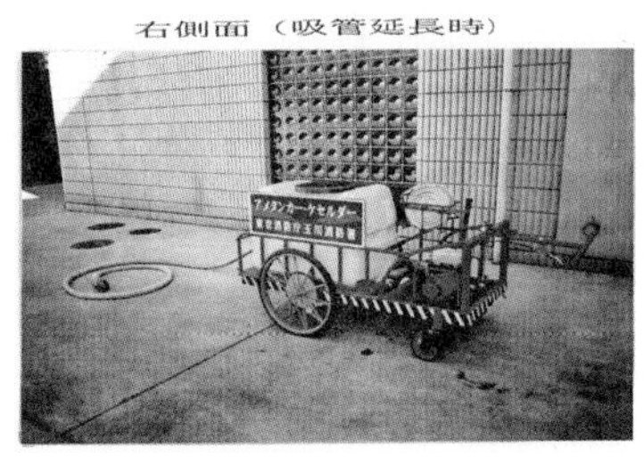

アメタンカーケセルダー３号機　世田谷区玉川消防署

東京消防庁を2000年（平成12年４月）に勇退し40年に及ぶ、消防人生とも別れを告げ千葉市原の我が家に帰ってきました。市原の我が町も新興住団地で地震火災が起きれば延焼拡大する地域です。

やはりアメタンカーケセルダーが必要だと痛感し自費自作でアメタンカーケセルダー第４号機を制作しました。

自作のアメタンカーケセルダー４号機

現在自宅の駐車場でいざという時のために待機しております。シャシーはパイプ組み立て、四輪キャスター付き350リットルの水槽と汎用のポンプに汎用のホース等ですが、毎分100リットル以上の放水能力、射程も15メートルは十分ありノズルを調整すれば放水量も絞ることができ、４～５分間の放水も可能です。何れにしましても、地震火災を大きくしない最重要のことは、フラッシュオーバまでに至る初期の段階で200リットルの水を機械の力を借り投入することなのです。この体制を整えることがとても大事なのです。それが地震火災を大きくしない基本です。

町の集会場や空いているスペースに置き住民が初期活動できれば、必ず地震火災を大きくしないで済むと確信しております。そして、アメタンカーケセルダー数台が火災現場に集結することで、更に機動力が高まり、延焼拡大火災を少なくすることができます。

「①良き消火剤は水です。②機械です。③人です。④移動できることです。」

私の基本的な活動範囲の考え方は、木造密集地等ではできれば半径250メートルに１台配置できれば、相当な効果が期待できると確信いたします。

地震国日本どこに行っても都市化が進み過密化しております。行政の消防力だけでは地震時の火災には対応できません。市民が組織した自衛消防隊に必要な初期消火機械器具それが機動力と消火能力に優れているアメタンカーケセルダー（雨の水をタンクにためて消火する。からアメタンカーケセルダーと命名）です。

「備えあれば憂いなし」、地震が起きれば火災です。火災が起きないことによって又は起きても大きく拡大しなければ、その被害額は驚くほど少なくて済みます。人間の英知を結集し社会的損失を少なくする創意工夫と実行それが地震火災を大きくしない基本だと思います。

私の考えに賛同し協力してくれた元清瀬・玉川消防署の当時の部下の皆さんも既に退官しておりますが、アメタンカーケセルダーが世の中に普及し役立つことを強く望んでいると思います。当時の関係した皆さんに改めて謝意を申し上げます。

東京を中心とする首都圏に直下型地震が起きる確率が30年以内に70％の確率で起きるだろうと言われて、ＮＨＫでも特別番組を組み放映しました。

近年台風・集中豪雨等の風水害がクローズアップされましたが、日本にとって宿命的な地震災害の被害、その中でも火災による損害を少なくする英知と地道な対策を忘れてはいけないと思います。

アメタンカーケセルダーにつきましては、元同僚の経営する㈲モガミファイヤー21森公二社長にそのノウハウを伝授し普及促進を依頼しております。

何れホームページ等で新たなる紹介が見られると思います。

5　まとめ

5－1　危機一髪を経験して判ること

私が子供の頃過ごした、羽根尾の集落の皆さんも世代が入れ替わり、70年前の当時の浜岩橋の崩落事故のことを知る人は、ごく限られた方々で、遠い昔の出来事となってしまいました。長野原町の方々もおそらくこの事故を知らない人ばかりだと思います。八ッ場ダムの建設に携わった多くの関係者の方々もこの歴史的な悲しい出来事を知らずこのダムの建設に携わってきた人も数多いかと思います。

浅間山の噴火災害など波乱な歴史を抱え、自然の猛威を受け入れ荒れ狂わなければならなかった吾妻川。その濁流に無残に散ったあの浜岩橋は、私が生きている限り心の中から消え去ることはありませんが、文字で残さない限りその真実は何時か消えてしまうことと思います。

浜岩橋の架かる吾妻川の流域、そして羽根尾交差点を起点とする国道三路線は、日本ロマンチック街道として、全国にそして世界にその名を馳せております。

この街道が歩んだ道のりを見ますと、浅間山の雄大な姿、連峰の山並みを見渡す高原、大噴火災害などの自然の猛威にさらされながら歴史を刻んだ西吾妻浅間高原、道路や水力発電所の建設に尽力した当時の若者の情熱が感じられます。軽井沢などの高原の雰囲気そしてロマン詩人の残した抒情詩などに癒されながらの旅、やはり日本ロマンチック街道に相応しい地域だと心新たにしました。そして、幼少の頃この地で過ごすことができ、その後の人生の生きる力、道しるべとなりました。

水を制するものは国をも制す。

令和元年10月12日来襲した令和元年東日本台風（19号）は関東甲信越から東北地方各地に多くの被害をもたらしました。

湛水試験中であった八ッ場ダムは偶然の出来事とは言え吾妻川上流域の集中豪雨を受け入ました。

完成宣言前のその試験の過程でしたが、現実には、未曽有の集中豪雨、危機一髪の状態でした。下流域の被害の軽減に役立ったダムの存在は大であったと評価できます。

人間がより良く安心して生活するためには、自然界の猛威を少しでも軽減できる英知を絞り出さねばなりません。それが優れた安全対策です。

幼き頃の私は、この八ッ場ダム上流の浜岩橋の崩落事故で、天に助けられ、そして幸にも一命を取りとめることが出来ました。その後、縁あって世界都市東京の人々を守る消防官として手助をすることができました。天の配材、あの時の出来事せめての恩返し、これも私に課せられた使命だったのかもしれません。微力でありますが、健康で生涯を人々の安全・安心のために尽くすことが出来ました。導かれた幸運に唯々感謝あるのみです。人生でも、自然環境でも正しく危機一髪の分岐点に遭遇する機会は十分に考えられます。日頃から対策を考え、危機意識を持つことの重要性を感じます。

人間は、考える葦である。自然の中で最も弱い者ではありますが、どんなに強風に吹かれても倒れそうで倒れない。

また元に戻ることが出来る復元力それは考える力があるからです。

本文中に「危機一髪」の言葉を何回か記述しましたが、「危機一髪」の意味を辞書等で調べますと、「一つ間違えば非常に危険である」という状況や「わずかな差で危険に陥る」「危険と隣り合わせ」「非常に危ない瀬戸際」などを表す四字熟語です。この中でも「一髪」が非常に重要であり、髪の毛一本ほどしか助かる望みのない危険が差し迫っている緊迫した状況を表します。

本稿を執筆中に偶然にも、令和元年東日本台風（19号）が来襲しました。そして、吾妻川及び利根川流域の総雨量は、カスリーン台風を上回る危険な状態でありました。

八ッ場ダムは、湛水試験中でありながらも、タイミングよく貯水能力に余裕があり7,500万㎥と言う利根川水系のダムが貯水した総量の半分以上の膨大な洪水を受け止めることが出来、利根川下流域の氾濫を危機一髪の状態で救いました。

70年前の浜岩橋での崩落事故では、私を含め７名の方々が奇跡的に「危機一髪」で生き延びました。公私の違いはありますが、吾妻川の歴史的事実として深い因縁を感じこの言葉を題名のメインタイトルとして生かしました。

5－2　天職から学んだこと

私が消防官を通して学んだこと、大きく分けますと３つあります。

１つ目は、「人間は辛さ厳しさを経験し耐え忍ぶことが出来ないと成長できないということです。」それぞれの時代の流れの中で、その厳しさにも相違がありますが消防の職務は、決して生易しいものではありません。厳しさを耐え抜いた人間は、一回り大きくなれるという言葉を聞きますが、鍛えられる機会がないと人間は育たないともいえると思います。危機が人間を育てそれに耐えて人間が大きくなる。

公務員に対する目が厳しい中で、特に消防に寄せる国民の信頼と期待が一段と高まる昨今、アメリカ並みのファイヤマンの社会的向上に甘んじることなく職務に精励するよう若い消防官に期待したいと思います。

２つ目は、「無用の用」という言葉の意味合いを消防の職務を通して理解できたことです。

無用の用を説いた老子の言葉を拡大解釈するならば、「無駄と思われる中」「すぐ役に立たないものの中」に大事なものがあるというように理解しておりますが、消防の法規制の中での消防設備等は、何も起こらないときは無駄のように見えますが、いざという時の備えの保険です。世の中あまり合理的に考え、すぐに役立たないものを切ったり捨てたりしますと、かえって大きなリスクを負うことにもなりかねません。安全・安心を維持するためには、「無用の用」の考え方が大事だと痛感します。これは、社会生活の中でも同様なことが言えると思います。日本古来の建築でも、無駄と見える部分に隠された意味があるのです。例えば寺の塔や堂も垂木は、20%ほどの無駄の長さを後ろに残しております。

解体修理の時腐った端の部分を切り取り引っ張り出せば、一本丸ごと取り替えないで済むのです（温故知新講演資料経営士矢島英夫著書から）。

３つ目は、「正常化の偏見」という言葉の思いです。

正常化の偏見とは防災関係の人間の心理を表した言葉ですが、危険が迫っているのに、又は危険が予知できるのにその危険性を認めようとしない人間の心理傾向を表しますが、「そんなことは起こるはずがない、」「この地域は大丈夫だ」とか火災の予防対策、震災対策、防災対策等で自分に都合の良いように甘く見るそんな傾向が感じられます。この度の世界を恐怖に陥れた新コロナウイルスの人々の意識を見てもそのことが良く分かります。

保険が災害に対する備えであり、フェールセーフの考え方が失敗しても安全側に動作するリスク回避するのと同じであります。

自分の価値観で物事を判断し、あるべき姿を否定する。人間の心理の弱点ともいえます。「無用の用」にも関係しますが、社会生活環境の中においても正常化の偏見で物事を甘く見ない安心・安全対策の推進の重要性を感じます。

紆余曲折、長い年月を経て完成した「八ッ場ダム」と令和元年東日本台風（19号）との出会いこれは、偶然というよりも八ッ場ダム自ら多くの人々に安寧を与える思いで仕組んだストーリであったのではないかと思います。

それは、完成宣言直前に危機回避し、見事に役割を果たしたことからもその意識を感じ取ることが出来ます。赤茶けた泥流で荒れ狂う洪水と戦う時は人々を守る「八ッ場ダム」、コバルト色の水面で静かに安心して眠っているときは、人々に安らぎを与える「八ッ場あづま湖」であって欲しい。

温暖化が進む地球環境の中で、今までの考え方では推し計れない自然災害やウイルスが、待ち受けていることが十分に予測されます。それは、集中豪雨であり逆に降雨不足による水不足であり目に見えないミクロの世界の細菌の脅威であるかもしれない。過去の例を見ても水をコントロールする工夫がいかに大事かそれは歴史が物語っております。そして医学・細菌学の分野におきましても人類は闘い続けてきました。21世紀の世の中で、荒れ狂っている新型コロナウイルス等の人間を脅かす社会環境は世界全体の大きな課題であり今後も継続するでしょう。

前進あるのみ、「八ッ場あづま湖」が末永く多くの人々に幸せをもたらすよう願っております。

結びに吾妻川の災害で犠牲になられた多くの御霊に深甚なる哀悼を捧げるとともに、長野原町はじめ関係する地域の益々の発展を祈念致します。

令和２年（2020年）８月５日

安　齊　克　三

6　編集後記

1964年10月アジアで初めて開催された東京オリンピック。

あれから半世紀を超える56年という時が流れました。この間日本の技術力は世界をリードし目覚ましい経済発展を成し遂げ、再び2020東京オリンピックを迎えようとしていた矢先、新型コロナウイルス感染症が発生し、あっという間に世界に拡散しました。その伝染力と死に至る恐怖に人々は恐れおののきオリンピックまでも延期する事態となりました。

八ッ場ダムの完成と2020東京オリンピックのコラボレーションとも言える聖火ランナーは、歴史上に残る輝かしい組み合わせと期待しておりましたが、本稿の発刊に間に合いませんでした。

波乱な歴史の中から八ッ場ダムは、完成直前に令和元年東日本台風と戦い、名誉ある実績を残しました。新型コロナウイルスの猛威に混乱する社会情勢の中で完成式典も先送りとなりながらも、人々に安堵の気持ちを残し静かに完成を迎えました。

地元の長野原町そして関係する地域の皆様にとりまして、誠に素晴しい記念すべき出来事であります。

この好機の中で本稿の発刊にあたり、萩原町長のご理解により記念のお言葉を頂き発刊できましたことに唯々喜びと感謝あるのみです。

町長にお言葉を添えていただいたことで、70年前の浜岩橋で無念にも散った御霊も安らかに眠り続けることと思います。

130年の歴史を刻む長野原町、諸先輩の並々ならぬご苦労を礎に地域の更なる発展への門出となると確信いたします。未来末永く幸運をもたらすことを願っております。

あの浜岩橋の崩落事故直後から話題に上がってきた八ッ場ダム建設計画、そして長い時間を経て多くの困難を解決しながら完成を迎えたこの物語がなかったら、幼き頃のあの事故のことも心の中に秘めたまま生涯を閉じていただろうと思います。

八ッ場ダムの完成が迫るにつれ、この機会を逃したら真実を後世に伝える機会を失ってしまう。そんな強い思いに駆られ約１年半前より、70年の節目となる令和２年８月５日の発刊を目標に執筆を始めました。

昨年10月の台風19号の八ッ場ダムの活躍、そして羽根尾区老人会の皆様に主催していただいたこの度の「受難者慰霊祭」など、すべて偶然が必然となるような出来事ばかり、これもすべてあの時犠牲になられた多くの御霊が後押ししてくれたものと想いを新たにしました。

時の流れとともに忘却の彼方に消えようとしている浜岩橋の悲劇と八ッ場あづま湖とのめぐり逢いが、吾妻川の新たな歴史を刻む貴重な組み合わせになったと思っております。

幼少の頃遭遇したあの事故、文章だけではその真実を伝えることは中々難しい。一枚の絵があればその文章が生きてくる。そんな強い思いから、元職場の同僚の「清水隆夫氏」に当時の状況をお話しましたところ、快諾をいただきイメージしていただきました。

文中に何枚か挿入させていただきましたが、過ぎ去った遠い遠いあの日の事故の状況が瞼に浮かびます。文面で表現できない部分が手に取るように再現できました。イラストでお骨折り頂いた清水さん、そして文章の構成などアドバイスを頂いた高校の親友矢島さんには重ね重ね感謝とお礼を申し上げます。

八ッ場ダムの完成に祝意を表するとともに、ご尽力された多くの関係者の皆様に衷心より感謝を申し上げます。また、70年の節目の受難者慰霊祭を企画実行していただいた、羽根尾老人クラブ会長の山口末夫委員長はじめ委員の方々にも心より感謝と御礼を申し上げます。時の流れは、過去を押し流します。災害に背を向けないで語り継ぐのも体験した者の務めと解しこの文を書きました。

　またこの度の発刊にあたり、㈱近代消防社三井社長の深いご理解とご協力の賜ものと感謝申し上げます。

参考文献等

群馬県立図書館所蔵長野原町町史
群馬県立図書館所蔵新聞記事
フリー百科事典　ウイキペディア
内閣府報告調査資料（天明浅間山の噴火）
内閣府防災資料
歴史的大規模土砂災害コラム19天明３年の浅間山噴火
日本ロマンチック街道協会資料
国土交通省　利根川水系砂防事務所資料
国土交通省　八ッ場ダム工事事務所資料
国土交通省　関東整備局資料
日本消防百年史
東京消防庁資料
利根川百年史
東京電力公開の羽根尾・熊川発電所等資料
長野原町役場広報誌
長野原町議会資料
長野原町風水害年表
嬬恋村広報誌
2020東京オリンピック資料
前橋気象台令和元年10月台風19号資料
温故知新　矢島英夫著
ＮＨＫテレビ放送の歴史

【著者紹介】

安齊克三（あんざい かつみ）　千葉県市原市在

学　歴

東京都立工業短期大学機械科機械設計専攻卒

東京電機大学工学部電気通信工学科卒

職　歴

1960年―2000年東京消防庁

東京消防庁装備部制作担当副主幹、東京消防庁消防科学研究所第二研究室長

【阪神・淡路大震災東京消防庁支援隊長で支援活動に従事】

東京消防庁清瀬消防署長、東京消防庁玉川消防署長

東京消防庁人事部にて消防正監で退官

特許等

電気火災防止器「ユラポン」考案

地震時初期消火装置「アメタンカーケセルダー」考案

表　彰

2019年秋の叙勲「瑞宝双光章」授与

現　在

㈲モガミファイヤー21特別顧問

千葉県災害対策コーデネーター

【イラスト協力者紹介】

清　水　隆　夫　　千葉県野田市在住

【編集協力者紹介】

矢　島　英　夫　　経営士・行政書士　事務所　千代田区神田神保町

略　歴

1964年　武蔵工業大学電気工学科卒業

1964年～1973年大同信号株式会社　リスク回避のフェールセーフの考え方を学ぶ

1973年～1977年特許事務所「人が起こす事象は、人間の営みの問題であり解決できる」

1978年～現在　上記２つのコンサルを組み込んだ矢島事務所を開設

1989年～現在　社会保険労務士業務併設

1980年～現在　ファイナンシャルプランナ－

2004年～現在　経営士

危機一髪　禍を起点に人生を語る
八ッ場（やんば）あづま湖上流で起きた浜岩橋崩落事故

令和２年８月５日　第１刷発行

著　者　**安齊（あんざい）　克三（かつみ）**
発行者　三井　栄志
発行所　**株式会社　近代消防社**
〒105-0001　東京都港区虎ノ門２丁目９番16号
（日本消防会館内）
ＴＥＬ　東京（03）3593－1401（代表）
ＦＡＸ　東京（03）3593－1420
ＵＲＬ　http://www.ff-inc.co.jp
E-mail　kinshou@ff-inc.co.jp
振替　00180－５－1185
印刷製本　長野印刷商工株式会社

ISBN978-4-421-00940-8 C0021